Andreas Kunz / Norbert Rauch / Jost Schneider

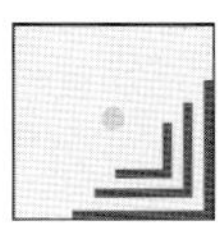

W0049728

Schülergespräche und Lernberatung – Das Praxisbuch

Profi-Tipps und Materialien aus der Lehrerfortbildung

Auer Verlag

Die Internetadressen, die in diesem Werk angegeben sind, wurden vom Verlag sorgfältig geprüft (Redaktionsschluss Juli 2013). Da wir auf die externen Seiten weder inhaltliche noch gestalterische Einflussmöglichkeiten haben, können wir nicht garantieren, dass die Inhalte zu einem späteren Zeitpunkt noch dieselben sind wie zum Zeitpunkt der Drucklegung. Der Auer Verlag übernimmt deshalb keine Gewähr für die Aktualität und den Inhalt dieser Internetseiten oder solcher, die mit ihnen verlinkt sind, und schließt jegliche Haftung aus.
Hinweisen an info@auer-verlag.de auf veränderte Inhalte verlinkter Seiten werden wir selbstverständlich nachgehen.

Die Autoren:

Prof. Dr. Jost Schneider, Studium der Germanistik und der Philosophie in Düsseldorf, Essen und Bochum; 1989 Promotion; 1996 Erteilung der Venia legendi für Deutsche Philologie; seit 1987 Lehrtätigkeit an der Ruhr-Universität Bochum; seit 2004 Leiter des Querenburg-Instituts; zahlreiche Buchveröffentlichungen sowie Zeitschriftenartikel in deutschen, englischen, amerikanischen und französischen Fachzeitschriften

Dr. Norbert Rauch war neun Jahre Lehrer an einem Gymnasium für die Fächer Biologie und Chemie und ist seit 20 Jahren in der Lehrerfortbildung tätig.
Während früher Fachthemen im Vordergrund standen, liegt der Schwerpunkt heute im Bereich der allgemeinen Pädagogik, der Unterrichtsentwicklung und der Schulentwicklung.
Dementsprechend ist er an vielen Schulen unterwegs und arbeitet mit den Lehrkräften zu Themen wie „Soziales und kooperatives Lernen", „Schülergespräche", „Elterngespräche", „Kommunikation im Kollegium", „Optimierung schulischer Teamarbeit" und verwandten Themen.

Andreas Kunz, professioneller Theaterschauspieler, Spezialist für non-verbale Kommunikation und Dozent für Körpersprache und Persönlichkeitstraining an verschiedenen Regie- und Schauspielschulen. Seit 2009 im Bereich der Lehrerfortbildungen tätig.

Vorlagen auf CD sind optimiert für Microsoft Office 2007.

Gedruckt auf umweltbewusst gefertigtem, chlorfrei gebleichtem
und alterungsbeständigem Papier.

1. Auflage 2013
Nach den seit 2006 amtlich gültigen Regelungen der Rechtschreibung
© Auer Verlag
AAP Lehrerfachverlage GmbH, Donauwörth
Alle Rechte vorbehalten
Das Werk und seine Teile sind urheberrechtlich geschützt. Jede Nutzung in anderen als den gesetzlich zugelassenen Fällen bedarf der vorherigen schriftlichen Einwilligung des Verlages.
Hinweis zu § 52 a UrhG: Weder das Werk noch seine Teile dürfen ohne eine solche Einwilligung eingescannt und in ein Netzwerk eingestellt werden. Dies gilt auch für Intranets von Schulen und sonstigen Bildungseinrichtungen.
Illustrationen: S. 19; Silke Karl
Umschlagfoto: macroman/fotolia.com
Satz: krauß-verlagsservice, Augsburg
Druck und Bindung: Kessler Druck + Medien, Bobingen
CD/DVD-Pressung: optimal media production GmbH, Röbel/Müritz
ISBN 978-3-403-**06846**-4

www.auer-verlag.de

INHALTSVERZEICHNIS

Kunz/Rauch/Schneider: Schülergespräch und Lernberatung – Das Praxisbuch
© Auer Verlag – AAP Lehrerfachverlage GmbH, Donauwörth

Das Gespräch gehört zu den wertvollsten Arbeitswerkzeugen eines jeden Pädagogen.[1] Gelingt es, zum richtigen Zeitpunkt eine vertrauensvolle offene Aussprache mit einem Schüler herbeizuführen, so kann dies ein Meilenstein in dessen schulischer Laufbahn sein und seine ganze Persönlichkeitsentwicklung nachhaltig beeinflussen.

Im betriebsamen Arbeitsalltag sind solche besonders ertragreichen, guten Gespräche jedoch eine Rarität. Wer regelmäßig in der Fünfminutenpause auf einem verlärmten zugigen Flur von Schülertrauben umlagert wird oder zwischen Tür und Angel schnell noch mit Eltern oder Kollegen etwas zu klären hat, kann sich vielleicht kaum noch vorstellen, dass das Gespräch wirklich zu seinen wichtigsten Arbeitsinstrumenten zählt. Und selbst unter günstigeren äußeren Voraussetzungen ist es eine hohe Kunst, ein „gutes Gespräch" zu führen, eine Kunst, die niemand von Beginn an perfekt beherrscht und die deshalb über Jahre hinweg eingeübt werden muss. Es bedarf eines großen Einfühlungsvermögens, besonderer Zuhör- und Ausdrucksfähigkeit sowie einer echten inneren Gesprächsbereitschaft, um jene starken und nachhaltigen Effekte zu erzielen, die sich mithilfe eines gelungenen Gespräches tatsächlich erzielen lassen!

Mit dem vorliegenden Buch wollen wir Ihnen helfen, Ihre eigene Gesprächsfähigkeit realistisch einzuschätzen und gezielt zu verbessern. Dabei greifen wir nicht zuletzt auf die wertvollen Einsichten und Erfahrungen zurück, die uns von den Teilnehmern unserer vielen Hundert Lehrerfortbildungen vermittelt worden sind und die erwiesenermaßen den harten alltäglichen Praxistest bestanden haben.

Wenn Sie schon über einige Erfahrung verfügen und/ oder gerne unmittelbar handlungsorientiert beginnen möchten, dann können Sie das Kapitel 4 überspringen und in das Kapitel 5 einsteigen, in dem Sie wichtige Hinweise zur konkreten Gestaltung von Gesprächen finden. Dabei werden Sie immer wieder Hinweise auf Gesprächsmethoden und Grundgedanken der Gesprächsführung erhalten, die in Kapitel 4 aufgeführt sind.

Wenn Sie eher mit einer Einführung in die Denkweisen und Methoden der Gesprächsführung beginnen wollen, lohnt es sich, das Kapitel 4 sorgfältig zu lesen und die dort vorgeschlagenen Übungen durchzuführen.

Viele ermutigende Beispiele haben uns gelehrt, dass man mit zielgerichtetem, geduldigem Handeln sowohl die äußeren Rahmenbedingungen in der eigenen Schule als auch seine persönliche Gesprächskompetenz so verändern und verbessern kann, dass es schließlich trotz aller Widrigkeiten doch möglich wird: das befreiende, vertrauensvolle, offene Gespräch, an dessen Ende tatsächlich ein Problem gelöst, ein Konflikt bereinigt oder eine neue Perspektive eröffnet ist. Und dabei muss es nicht immer der ausgedehnte Sondersprechstundentermin sein! Auch ein Pausenhofgespräch oder ein kurzes Zwischendurchgespräch kann sehr positive Wirkungen entfalten, wenn es kompetent und geschickt geführt wird. Es muss allerdings auf die spezifischen Gesprächsfähigkeiten der Kinder und Jugendlichen Rücksicht nehmen, die aber letztendlich bei allen Hakeleien und Kommunikationspannen nicht anders als wir selbst in aller Regel eine tiefe Sehnsucht nach echter Verständigung haben und damit zum Glück die wesentliche Voraussetzung für die Entwicklung einer fruchtbaren Gesprächskultur mitbringen.

Jost Schneider

1 Das generische Maskulinum bezeichnet hier und in den folgenden vergleichbaren Fällen beide natürlichen Geschlechter.

Kunz/Rauch/Schneider: Schülergespräch und Lernberatung – Das Praxisbuch
© Auer Verlag – AAP Lehrerfachverlage GmbH, Donauwörth

1. STOLPERSTEINE *(Norbert Rauch)*

Jede Lehrkraft macht die Erfahrung, dass man mit vielen Schülern gute und nachhaltig wirksame Gespräche führen kann. Dies ist ein Zeichen der Professionalität der Person, die aber durch verschiedene Erfahrungen mit einzelnen Schülern verunsichert wird. In vielen Fortbildungen für Lehrkräfte zum Thema „Schülergespräche" haben sich eine Reihe von Schwierigkeiten herauskristallisiert, die leicht als „Stolpersteine" den guten Verlauf eines Gespräches gefährden. Auch wenn natürlich jedes Gespräch mit einem Schüler eine sehr individuelle Prägung hat, so kann man doch vier verschiedene Typen von Gesprächen identifizieren – und für jeden dieser Gesprächstypen ergeben sich Besonderheiten in der Gesprächsführung und in den möglichen Schwierigkeiten – neben allgemein gültigen Grundregeln der Gesprächsführung.

Diese Typen von Gesprächen sind:

1) Gespräche bei Lernschwierigkeiten zur Individuellen Förderung
2) Gespräche in Konfliktsituationen, meist zwischen Lehrkraft und Schüler
3) Gespräche über die Laufbahn eines Schülers, insbesondere wenn diese gefährdet ist
4) Gespräche über familiäre oder sehr persönliche Probleme des Schülers

Um bestimmte Aspekte der Gesprächsführung zu verdeutlichen, sollen am Anfang zu den o.g. Typen von Gesprächen exemplarische Gesprächssituationen skizziert werden. Sicher haben Sie ähnliche Situationen schon einmal erlebt und haben so eine gute Vorstellung davon, wie Sie in einer solchen Situation agieren würden.

Denn solche oder ähnliche Gesprächssituationen sind typisch für den Schulalltag. Allen ist gemeinsam, dass das jeweilige Erleben der Situation von Lehrkraft und Schüler eventuell sehr unterschiedlich ist – und so ein scheinbar nahe liegender unmittelbarer „kurzer Austausch" über nächste Schritte zur Verbesserung der Situation sich als problematisch erweisen könnte. Denn in Wirklichkeit leben Lehrer und Schüler oft jeweils in einer „eigenen Welt". Deshalb enden manchmal gut gemeinte Gespräche als ein „Schlagabtausch mit Argumenten", der aber kaum zu einer Klärung und Verbesserung der Situation führt.

Bei jedem der folgenden Beispiele würde ein genaueres Nachfragen vermutlich Ursachen für die Problemsituation zu Tage fördern, die auf den ersten Blick so nicht erkennbar waren. Dabei zeigt die Erfahrung, dass viele Lehrkräfte sich sehr gut in die jeweilige Schülersituation hineinversetzen können – wenn Sie sich dazu ein wenig Zeit nehmen. Mit dem Blick auf die Situation aus „Schülersicht" werden dabei häufig schon Ideen für erste Lösungsansätze freigelegt, die aus der „Lehrersicht" nicht zu erkennen wären.

Wenn Sie diese Situationen auch als erste „Trainingsstationen" verstehen wollen, dann finden Sie im Anhang Anregungen dazu. (vgl. Übung 1.1, S. 7)

Situation 1: Sven hat in den letzten Mathematikarbeiten eine 3 und eine 4 geschrieben. Vor der nächsten Arbeit – der letzten vor dem Halbjahreszeugnis – spreche ich ihn ermunternd an: „ Wenn du in der nächsten Arbeit eine Drei schaffst, dann bekommst du eine Drei im Zeugnis. Denn du machst mündlich ganz gut mit". Beim Korrigieren der Arbeit fällt mir dieser Satz wieder ein – und leider hat Sven eine Fünf geschrieben. Beim Überblick über die Fehler fällt mir auf, dass er mit einfachen Aufgaben klarkommt, bei komplexeren Aufgaben aber auch Fehler macht, die ihm bei den einfachen Aufgaben nicht unterlaufen sind. Im Hinblick auf die „drohende Fünf" beschließe ich, ein ausführliches Gespräch mit ihm zu führen. Wie könnte ich in das Gespräch einsteigen? Was sollten meine zentralen Fragen sein, die ich klären will?

Situation 2a: Ende der Unterrichtsstunde; es war etwas unruhig gewesen. Alle Kinder packen ihre Sachen und verlassen den Raum. Daniela kommt – wie häufig – nach der Stunde bei mir vorbei und sagt: „Ich habe mich oft gemeldet und Sie haben mich gar nicht drangenommen". In Wirklichkeit hatte ich Daniela zwei Mal aufgerufen, aber ihre Beiträge waren nicht so besonders gelungen – und im Übrigen nervt sie mich mit dem ständigen Finger-Schnipsen und ihrem Zwischenruf „Ich, ich …".

Mir liegt auf der Zunge zu sagen: „Ich habe dich aber zwei Mal aufgerufen – und außerdem habe ich dir schon oft gesagt: „Rufe nicht immer in den Unterricht, das nervt mich!" Nach kurzem Nachdenken sage ich dies aber doch nicht – denn ich will auch nicht unhöflich sein. Zudem würde ich damit eine längere Diskussion mit ihr anzetteln – und dazu habe ich jetzt keine Zeit. So sage ich eher etwas Belangloses – wohl wissend, dass damit das zugrunde liegende Problem nicht geklärt ist und Daniela sich in der nächsten Stunde wieder genauso verhalten wird. An einem klärenden Gespräch führt deshalb kein Weg vorbei. Wie werde ich einsteigen? Welche Ziele könnte ich mit ihr erreichen?

Situation 2b: Nach Bekanntgabe der Noten für das Halbjahreszeugnis in der Unterrichtsstunde wollen einige etwas zu ihren Noten fragen. Simon sagt: „Wieso bekomme ich nur eine Drei? Schließlich habe ich beide Klausuren Zwei geschrieben und ich bin mündlich auch gut. Ich beteilige mich immer am Unterricht, aber Sie nehmen mich nicht oft dran".

Ich höre hier den Vorwurf heraus, er würde ungerecht behandelt. Wenn ich diesen Vorwurf jetzt anspreche, dann besteht die Gefahr einer längeren Diskussion mit Rechtfertigung und Gegenargumentation. Solche Ge-

Kunz/Rauch/Schneider: Schülergespräch und Lernberatung – Das Praxisbuch
© Auer Verlag – AAP Lehrerfachverlage GmbH, Donauwörth

spräche fürchte ich, weil ich damit keine guten Erfahrungen gemacht habe. Wie könnte ich in ein solches Gespräch einsteigen? Was könnten meine Ziele sein?

Situation 2c: Nach der Rückgabe einer Klausur wendet sich Clara in einer Mischung aus Beschwerde und Hilferuf an mich: „Sie können meine Freundin fragen: Wir haben am Samstag und am Sonntag jeweils sechs Stunden für die Klausur am Montag gelernt. Und jetzt habe ich dennoch nur eine Vier. Das kann ja wohl nicht sein, dass ich trotz so langen Lernens keine bessere Note bekomme!"

Der Frust über den geringen Erfolg, aber auch ein gewisser Vorwurf einer ungerechten Notengebung in dieser Aussage sind nicht zu überhören. Ich verbiete mir eine kurze Antwort im Sinne eines Ratschlags „Pauken nur vor einer Arbeit bringt nichts". Sollte ich eher auf den unterschwelligen Vorwurf der „ungerechten Note" eingehen? Wie könnte ich in ein solches Gespräch einsteigen?

Situation 2d: Richard ist mir schon mehrfach etwas unangenehm aufgefallen: Oft wenn eine Schülerin sich zum Unterrichtsthema äußert, macht er halblaut, aber unüberhörbar eine ironisch-witzige, manchmal auch sarkastisch-abwertende Anmerkung darüber. Manche andere Jungen lachen darüber – bei den Mädchen merke ich aber eine zunehmende Verunsicherung, sich zu melden. Ein kurzes Gespräch mit der Bitte, solche ironisch abwertenden Bemerkungen doch zu unterlassen, beendete er mit dem Hinweis, dass dies doch alles lustige Anmerkungen seien, über die alle lachen könnten, die Humor hätten. Seitdem empfinde ich dies immer mehr als Unterrichtsstörung, die ich nicht länger ignorieren kann. In einem Gespräch möchte ich ihm nicht Unrecht tun, manche seiner Sprüche sind ja auch wirklich witzig. Aber die unterschwelligen Beleidigungen von Mädchen kann ich nicht länger hinnehmen.

Situation 3a: Marie aus der Klasse 9 kommt zu mir als Klassenlehrer in die Sprechstunde, von ihrem Vater geschickt. Sie befürchtet, in einigen Fächern eine Fünf im Schlusszeugnis zu bekommen, womit die Versetzung gefährdet wäre. Sie fragt eher lustlos, wie groß die „Gefahr" tatsächlich sei und was sie tun könne.

Ein Blick in die Notenliste zeigt mir den Ernst der Lage – und erinnert mich an viele kritische Kommentare der Kollegen zu dieser Schülerin und ihrem Leistungswillen. So frage ich mich: Wie kann ich mit der Schülerin über den Ernst der Lage ins Gespräch kommen, ohne sie mutlos zu machen? Wie kann ich die Schülerin motivieren, wenn ich gar nicht weiß, was die wirklichen Gründe für ihre eher schwachen Leistungen sind?

Situation 3b: Ruth und ihre Zwillingsschwester Manuela sind ordentliche Schülerinnen mit Noten im Bereich Zwei bis Vier, Manuela offensichtlich eher etwas begabter und lebhafter, Ruth eher etwas ruhiger, aber fleißig. Ruth war zwei Wochen krank und konnte so nicht am Unterricht teilnehmen. Die danach von ihr geschriebenen Arbeiten waren deutlich schwächer ausgefallen als sonst – und im Halbjahreszeugnis drohten einige Fünfen, die im Zeugnis am Jahresende die Versetzung gefährden würden. In einem ersten Gespräch mit ihr und der Mutter werde ich als Klassenlehrer gebeten einzuschätzen, ob sie die Versetzung in die Oberstufe schaffen könne.

Ich fühle mich durch das in mich gesetzte Vertrauen geehrt – und gleichzeitig überfordert. Sollte ich wirklich meine „Prognose" für die Schülerin nennen? Was sollten wichtige Aspekte dieses Gespräches ein?

Situation 4: Alex und Michaela sind schon einige Zeit befreundet. Sie hofft noch, es würde die große Liebe werden, er scheint aber nicht so ganz überzeugt – und sie beobachtet mit Sorge, dass er sich auch anderen Mädchen deutlich zuwendet. Sie spricht ihn daraufhin an, er weicht aber einem Gespräch aus. Später ruft er sie an und sagt, dass er jetzt Schluss machen wolle. Sie versucht, ihn umzustimmen. Schließlich ist er damit einverstanden, wenn sie ihm ein Nacktfoto von sich mailt. Sie fotografiert sich vor dem Spiegel mit dem Smartphone – und schickt es ihm. Wenige Stunden später ruft ihre Freundin Caroline sie an, wie sie auf die Idee käme, ein Nacktfoto von sich bei Facebook® ins Netz zustellen. Ich als Jahrgangsstufenleiter soll diese Situation retten.

Übung 1.1: Wenn Sie ein wenig trainieren wollen, sich in die Sicht der Schüler hineinzuversetzen, dann notieren Sie zu den o. g. Situationen Empfinden und Handlungsideen im Sinne von:
„Ich als Schüler empfinde ..."
„Ich als Schüler wünsche mir ..."
„Ich als Schüler sehe ein ... und wäre bereit ... zu tun ..."
„Ich als Schüler verstehe nicht ..."

In der Vorbereitung auf das Gespräch können sehr wohl auch widersprüchliche Sichtweisen und Handlungsintentionen notiert werden – wie sie tatsächlich auch in Schülern vorliegen können (einerseits – andererseits). Manchmal zeigen sich solche Widersprüche in einer „Lähmung" des Handelns. Sind diese Widersprüche aber benannt worden, können Vor- und Nachteile jeweils formuliert werden, es kann eine Entscheidung getroffen werden – und die Blockade ist aufgelöst.

Danach können Sie Ihre Vermutungen mit den Anmerkungen zu den einzelnen Situationen vergleichen. Jeder Situation lag ein konkreter Fall zugrunde – aber die genannten Gesichtpunkte müssen nicht die einzig bedeutsamen handlungsbestimmenden Faktoren gewesen sein. Ihre Ideen können damit sehr wohl einen wichtigen Punkt erkannt haben – ohne hier genannt worden zu sein. Denn bei dieser Übung geht es weniger um „richtig – falsch", sondern um eine Sensibilisierung für wichtige Aspekte aus dem Blickwinkel der Schüler.

Kunz/Rauch/Schneider: Schülergespräch und Lernberatung – Das Praxisbuch
© Auer Verlag – AAP Lehrerfachverlage GmbH, Donauwörth

ANMERKUNGEN ZU DEN GESPRÄCHSSITUATIONEN

In der **Situation 1** zeigte die Klassenarbeit, dass Sven entweder in Stresssituationen sehr wenig belastbar war oder wenig strukturiert arbeiten konnte. Deshalb verlor er bei komplexeren Aufgaben leicht die Übersicht und machte dann auch Fehler, die ihm bei einfacheren Aufgaben nicht unterliefen. Ein Gespräch darüber, wie er in einer Klassenarbeit vorgeht und wie er sich in welcher Situation fühlt, könnte seine Arbeitsstrategien und typischen Vorgehensweisen aufzeigen. Damit würden sehr rasch wichtige Ansatzpunkte für eine Veränderung deutlich werden.

In der **Situation 2a** erscheint dies zunächst als „Konflikt“ zwischen Lehrkraft und Schülerin. Ein Nachfragen in der konkreten Situation ließ deutlich werden, dass Daniela jeden Weg suchte, sich immer wieder die Aufmerksamkeit des Lehrers zu sichern. Ihre Wortmeldungen waren also eher eine Aufforderung: „Sieh mich“ als eine Mitteilung: „Ich habe einen Beitrag zum Unterricht“. Wenn man diesen Blickwinkel der Schülerin als Ansatzpunkt für Veränderungen sieht, wird verständlich, wie wenig erfolgreich Ermahnungen in Unterricht und danach sein können. Vielmehr wird wichtig sein, der Schülerin die Aufmerksamkeit der Lehrkraft – in begrenztem Rahmen – zuzusichern – und ihr zu verdeutlichen, wie sehr sie auch im Kontakt mit den Mitschülern Aufmerksamkeit und Anerkennung finden kann.

Auch in der **Situation 2b** lag nur vordergründig ein Konflikt vor. Vielmehr existierte hier im konkreten Fall ein Problem von Selbst- und Fremdwahrnehmung und der Weg zur Verbesserung der Situation für den Schüler führte über ein Nachdenken (u. a.) über die Fragen „Wie häufig meldest du dich tatsächlich im Unterricht? Was geht in deinem Kopf vor, wenn eine Frage gestellt wurde, die du beantworten zu können meinst?“ Dabei gestand Simon auf Nachfrage zu, dass er sich häufig sehr zögerlich melde, weil er sich nicht ganz sicher sei. Damit wurde ein Nachdenken über das eigene Verhalten im Unterricht angeregt, es wurden Handlungsalternativen entwickelt – und der Aspekt der „ungerechten Note“ spielte keine Rolle mehr.

Das Problem von Fremd- und Selbstwahrnehmung lag auch der **Situation 2c** zugrunde. Clara war im vorliegenden Fall von ihren ernsthaften Lern-Anstrengungen überzeugt. Ein Austausch in der Lerngruppe zu den verschiedensten Arbeits- und Lernstrategien im Hinblick auf das Lernen vor einer Klausur ließ deutlich werden, wie sich andere – z. T. deutlich erfolgreicher – auf eine Klausur vorbereiteten. Damit wurden Handlungsalternativen eröffnet – und der vordergründige Konflikt mit der Lehrkraft war nicht mehr relevant.

Die **Situation 3a** ließ im konkreten Fall ein grundlegendes Problem von Schule und Elternhaus deutlich werden. Denn beim Bemühen, das Verhalten der Schülerin genauer zu verstehen, ergab sich folgende Gesprächssequenz:

L: „Schule scheint für dich nicht ganz so wichtig zu sein.
Wenn du frei wählen könntest – wie viel Schule hättest du dann gerne?“
Marie: *„Ach, eigentlich brauch' ich keine Schule – oder doch, ein bisschen.“*

L: „Wie viel Stunden hättest du gerne am Tag?“
Marie: *„So 2–3 Stunden, das genügt.“*

L: Und welche Fächer hättest du gerne?“
Marie: *„Ach, eigentlich egal!“*

L: „Und was ist dann das Wichtige an der Schule?“
Marie: *„Die Pausen!“*

L: „Und weshalb?“
Marie: *„Da trifft man Leute, um sich für den Nachmittag zu verabreden.“*

Wenn die Schülerin die Schule lediglich als „sozialen Treffpunkt“ sieht, dann sind Unterrichtsstunden und Noten störende Effekte, die man am besten ignoriert. Aus diesem Blickwinkel wird deutlich, dass die Hauptfrage für die Schülerin nicht ist: *„Wie verbessere ich meine Noten?“*, sondern *„Was will ich in der Schule? Welchen Sinn hat Schule für mich?“*

So lange diese Frage für die Schülerin nicht beantwortet ist, sind weitere Überlegungen für sie irrelevant. Und diese Frage geht weit über den schulischen Kontext hinaus und kann nur in Zusammenarbeit mit dem Elternhaus bearbeitet werden.

Der massive Abfall der Noten bei Ruth in **Situation 3b** deutete darauf hin, dass sie schon das „normale Pensum“ nur mit großer Anstrengung schaffte und dass ihre Reserven sehr begrenzt waren. In dieser Situation eine Einschätzung abzugeben, ist hochgefährlich. Eine (zu) positive Prognose würde sie überfordern, eine negative Einschätzung ihre Motivation lähmen. Was Ruth braucht, ist eine Hilfestellung, um zu einer realistischen Selbsteinschätzung über die weitere schulische Laufbahn zu kommen. Dann kann sie für sich selber realistische „Etappenziele“ formulieren, deren Erreichen sie selbst überprüfen kann und will.

In der **Situation 4** musste bei allem Unverständnis für das Handeln der Schülerin der Schutz der Person von Manuela im Vordergrund stehen, in enger Zusammenarbeit mit den Eltern.

Dies bedeutete die unmissverständliche Forderung an Alex, alle Kopien des Nacktfotos aus dem Netz

Kunz/Rauch/Schneider: Schülergespräch und Lernberatung – Das Praxisbuch
© Auer Verlag – AAP Lehrerfachverlage GmbH, Donauwörth

entfernen zu lassen und für deren vollständige Vernichtung zu sorgen. Dennoch durfte das Gespräch mit Alex nicht zu einem „Tribunal“ werden. Denn auch er hat als Heranwachsender das „Recht“, Fehler zu machen – und durch eine angeleitete Reflexion daraus zu lernen. Deshalb musste im Gespräch ein respektvoller Umgang mit ihm als Person gegeben sein – bei ganz klarer Ablehnung seines Handelns.

Das Gespräch mit Manuela mit Vorwürfen zu beginnen, würde den erlittenen Verletzungen noch weitere hinzufügen. Es war deshalb wichtig, Verständnis für sie als Person deutlich werden zu lassen, mit einer ersten Bearbeitung der erlittenen Kränkungen zu beginnen und zu einer ersten Vereinbarung von konkreten Schritten zu kommen, wieder einen angemessenen Platz in der Gruppe der Schülerinnen und Schüler einzunehmen.

Kunz/Rauch/Schneider: Schülergespräch und Lernberatung – Das Praxisbuch
© Auer Verlag – AAP Lehrerfachverlage GmbH, Donauwörth

2. HÄUFIGSTE THEMEN VON SCHÜLERGESPRÄCHEN *(Norbert Rauch)*

2.1 INDIVIDUELLE FÖRDERUNG

Bei oberflächlicher Betrachtung geht die Schulroutine von einem kontinuierlichen Anwachsen des Wissens und der Kompetenzen der Schüler/-innen im Laufe des Unterrichts aus (vgl. Abb. 1; Schüler 1):

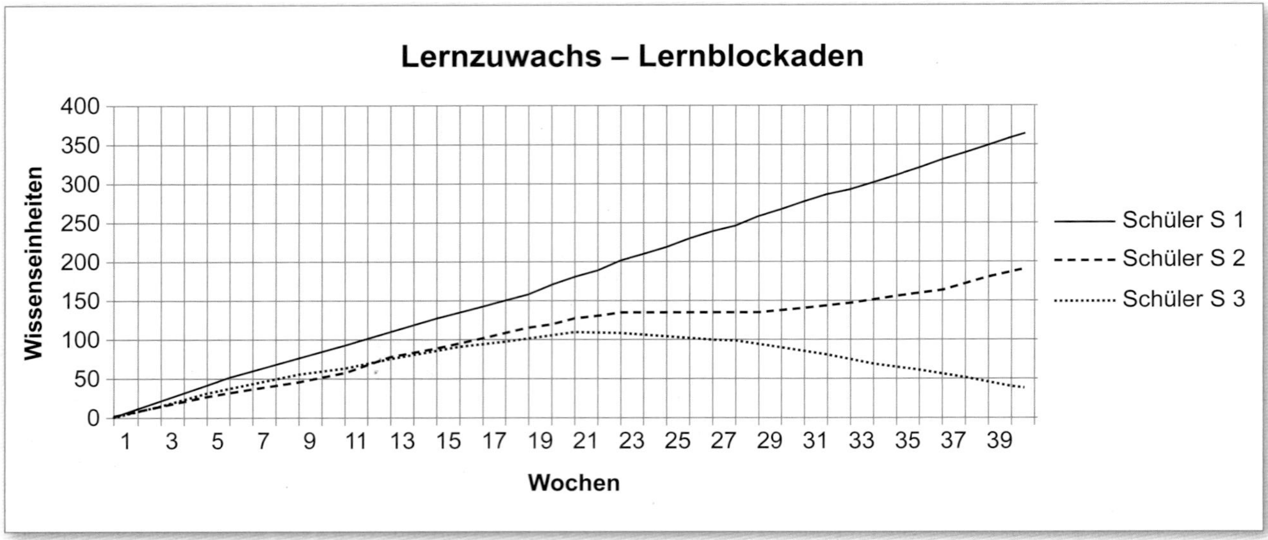

Abb. 1: Lernzuwachs – Lernblockaden (schematisch)

Tatsächlich ist dies nur bei einigen sehr leistungsstarken Schülern zutreffend. In Wirklichkeit verlieren manche für kurze Zeit den Anschluss – und es kann eine Weile dauern, bis sie wieder „Tritt gefasst" haben in ihrem Lernen (Schüler 2, Woche 21). Und noch ungünstiger sind solche Situationen, in denen durch eine Störung der Anschluss an den Lernprozess verloren geht, der Abstand schließlich so groß wird, dass der Schüler keine Chance mehr sieht, die Lücken zu schließen, und dann resigniert (Schüler 3).

Sobald bei einem Schüler ein „Knick" in der Kurve des Lernfortschritts und/oder der Arbeitsmotivation zu beobachten ist, ergibt sich die Notwendigkeit eines Gespräches zur individuellen Förderung. Dabei kann ein „Knick" im Lernzuwachs in zwei Ebenen auftreten.

Ein Beispiel: In einer Übungsstunde im Fach Mathematik führt die Rechnung eines Schülers bei einer Aufgabe nicht zu dem Ergebnis, das als Lösung angegeben ist – und die „unhandlichen Zahlen" lassen den Schüler vermuten, dass irgendwo ein Fehler ist. Er ist ratlos, weil er meint, alles „richtig gerechnet" zu haben. Wenn er aber jetzt nicht über Strategien verfügt, seinen Rechenweg und seine Arbeitsstrategie zu reflektieren, dann wird er hier vielleicht seine Arbeit beenden.

Treten viele solche Misserfolgserlebnisse auf, so wird dies die Arbeitsmotivation stark beeinträchtigen und die Leistungsbereitschaft verringern. Damit ist eine zweite Ebene erreicht, in der die Leistungsbereitschaft insgesamt sinkt und sich im Schüler Ratlosigkeit breit macht, was er denn jetzt noch tun könne. Fragt man einen solchen Schüler, was er nicht verstanden habe, erhält man oft zur Antwort „Alles".

Die häufig in solchen Situationen wahrgenommene „Botschaft" des Schülers an die Lehrkraft „Ich weiß nicht, was ich noch machen soll" verleitet leicht dazu, „Ratschläge" zu erteilen. Dabei ist es in diesen Fällen zunächst wichtig, den Schüler an seine schon vorhandenen Kompetenzen zu erinnern – und mit ihm zusammen Strategien zu entwickeln, den Fehler zu finden – und daraus zu lernen. (vgl. Kap. 5 zur Durchführung von Gesprächen). Dabei sind dann auch die vorhandenen Kompetenzen zur Organisation der eigenen Arbeit und zur Reflexion der Arbeitsstrategien sowie die (häuslichen) Bedingungen zur selbstständigen Arbeit an Unterrichtsinhalten zu berücksichtigen.

Allerdings kann die fehlende Konzentration auf eine Aufgabe oder die Unstrukturiertheit der Arbeitsweise auch in anderen belastenden Faktoren begründet liegen wie in der fehlenden Akzeptanz in der Klasse, Probleme in der Familie etc. (vgl. Abb. 3/Abb. 4, S. 16/17)

2.2 KONFLIKTE

Für jedes Kind und für jeden Jugendlichen ist es sehr wichtig, von Mitschülern und Lehrkräften akzeptiert zu werden (vgl . Kap 4.1, S. 16/17). Die hohe Sensibilität hierfür führt dazu, dass schon „Kleinigkeiten" (in den Augen der Lehrkraft) ein hohes Konfliktpotenzial bergen. Dies gilt insbesondere für Schüler mit geringem Selbstbewusstsein, die deshalb auf scheinbare oder tatsächliche Ungerechtigkeiten in Bezug auf

Kunz/Rauch/Schneider: Schülergespräch und Lernberatung – Das Praxisbuch
© Auer Verlag – AAP Lehrerfachverlage GmbH, Donauwörth

Benotung, Beachtung im Unterricht, Würdigung ihrer Unterrichtsbeiträge usw. sehr empfindlich reagieren. Aber auch die „Stellung" innerhalb der Klasse, welche Sonderaufgabe man übernehmen durfte, welcher Sitzplatz zugewiesen wurde usw. werden als Gradmesser für die Wertschätzung durch die Lehrkraft und die Klasse gesehen.

Dabei bergen die unterschiedlichen Wahrnehmungen und Sichtweisen aus Lehrer- bzw. Schülersicht jede Menge Konfliktstoff, wie schon oben in den Beispielen 2a, 2b und 2c zu erkennen war.

Wenn sich also ein Schüler beschwert, dann ist der von ihm beobachtete Aspekt für ihn so bedeutend wie eine „objektive" Beschreibung. Ein „Klein-Reden" oder gar Leugnen seiner Beobachtung wird er als Geringschätzung seiner Person erfahren. Dann wird er an einer Fortsetzung des Gespräches kein wirkliches Interesse haben und es wird auch keine wirklich gemeinsamen und damit wirksamen Vereinbarungen geben können.

Konflikten wie diesen liegen nicht nur die unterschiedlichen Sichtweisen zu Grunde, sondern sie sind häufig auch ein Anzeichen für große Unterschiede in Fremd- und Selbstwahrnehmung dieser Schüler. Ein entsprechender „Abgleich" kann für manche Schüler eine schmerzliche Erfahrung sein – und ist deshalb immer nur das Ergebnis eines Prozesses der objektivierten kritischen Selbstbeobachtung und des Abgleichs mit einem Partner. Bei Daniela in Beispiel 2a bestand die Vereinbarung darin, dass sie für einige Stunden jeweils eine Liste führen sollte, wie häufig sie sich gemeldet hatte und wie häufig sie von mir aufgerufen worden war. Der kurze Abgleich der Beobachtungen am Ende der Stunde war eine Geste der Aufmerksamkeit für sie – und führte zur Einsicht, dass ich sie ja immer wieder einmal aufrufe – aber beim besten Willen nicht *immer* drannehmen konnte.

Neben den Lehrer-Schüler-Konflikten sind Konflikte zwischen zwei Schülern oder zwischen Schülergruppen in vielen Klassen ein „Dauerthema". Dabei ist zu berücksichtigen, dass Konflikte im strengen Sinne nur durch die beiden Konfliktparteien bearbeitet und zwischen ihnen geklärt werden können. Die Lehrkraft kann also nur zur Klärung und Lösung der Konflikte beitragen. Dies gelingt umso besser, je mehr alle Schüler trainiert haben, mit Konflikten konstruktiv umzugehen und sie z. B. im Sinne eines „fairen Streitens" zu klären (vgl. Fair Streiten …).

Allerdings sind viele Konflikte in Klassen das Resultat eines nicht optimal ablaufenden Gruppenbildungsprozesses (vgl. 4.1). Denn in der Phase der Normenfindung werden auch soziale Rollen in der „Gruppe" zugewiesen oder übernommen. Aber nicht alle sind mit diesen ihren Rollen zufrieden. Dies führt zu „Rangkämpfen" und damit auch empfundenen Ungerechtigkeiten. Diese zu klären, ist keine Frage des Gespräches von Lehrkraft und Schüler, sondern bedarf der Klärung in der Klassengemeinschaft. Deshalb ist die Begleitung des gruppendynamischen Prozesses im Rahmen des „Sozialen Lernens" eine wichtige präventive Maßnahme und erspart so viele – meist erfolglose – Einzelgespräche mit Schülern, die z. B. mit ihrer Außenseiterrolle nicht zufrieden sind (vgl. 4.1).

2.3 LAUFBAHNBERATUNG

Alle Schüler – und ihre Eltern – wünschen sich eine Schullaufbahn ohne ernsthafte Probleme. Allerdings sind die „Start"- Bedingungen für jedes Kind anders. In den öffentlichen Diskussionen wird immer wieder auf die Bedeutung der frühkindlichen Förderung in Elternhaus und Kindergarten hingewiesen – und es wird leicht übersehen, dass auch das Anregungs- und Unterstützungspotenzial der verschiedenen Elternhäuser *im Laufe* der Schulzeit sehr unterschiedlich ist. Zumal manche Elternhäuser auch eine effektive Belastung für ihre Kinder darstellen – sie fühlen sich in der Schule wohler als zu Hause. Deshalb ist es nicht verwunderlich, dass manche Schüler/-innen an die Grenzen ihrer – faktisch gezeigten –Leistungsfähigkeit stoßen. D. h., diese Schüler könnten noch viel mehr leisten – unter im Augenblick leider nicht vorliegenden Rahmenbedingungen.

Solche störenden Faktoren können sein:

- Fehlende Akzeptanz in der Klasse (Situation 2a)
- Fehlende Akzeptanz bei einer Lehrperson
- Unklare Vorstellung des Schülers über seine Ziele (Situation 3a)
- Unselbstständige Arbeitsweisen, ineffektive Lernstrategien (Situation 2c)

Des Weiteren können belastende Bedingungen im Elternhaus die Leistungsbereitschaft schwerwiegend beeinflussen (vgl. 2.4). Eine Laufbahnberatung wird also vor allem die vorhandenen Stärken des Schüler in den Blick nehmen müssen – und die Erschließung weiterer Ressourcen (Situation 3b).

2.4 FAMILIÄRE UND PERSÖNLICHE PROBLEME

Vergleicht man das Bild eines Kindes an seinem ersten Schultag mit dessen Foto am Ende seiner Schullaufbahn, so wird sehr deutlich, welche gewaltige Entwicklung hier stattgefunden hat – von einem Kind zu einem jungen Erwachsenen. Dies beinhaltet aber auch, dass alle Umbrüche in der Persönlichkeitsentwicklung bei „laufendem Einsatz" in der Schule stattfinden. Gerade in der Pubertätsphase tritt die eigene Entwicklung in ihrer Wichtigkeit für die Schüler weit vor den Schulbetrieb, der eher die Kulisse für Selbstdarstellung, Selbsterfahrung, Selbstbestätigung und für die Erfahrung als Mitglied in einer Gruppe darstellt als eine Institution zur Erweiterung des Könnens

Kunz/Rauch/Schneider: Schülergespräch und Lernberatung – Das Praxisbuch
© Auer Verlag – AAP Lehrerfachverlage GmbH, Donauwörth

und Wissens. Damit verbunden sind viele frohe und auch leidvolle Erfahrungen, die genossen und verarbeitet werden müssen. Diese Probleme können einen Schüler schon gewaltig in Anspruch nehmen, werden aber häufig auch als bewältigbar und damit wenig(er) belastend angesehen.

Anders ist es hingegen bei Krankheit im Elternhaus, Trennungsängsten der Kinder vor/nach einer Scheidung der Eltern, finanziellen Problemen im Elternhaus, Übernahme von umfangreicheren Haushaltspflichten, z. B. Sorge älterer Kinder für die jüngeren etc.

Die mit diesen Problemen oft verbundene Erfahrung von Ohnmacht kann Schüler außerordentlich belasten und auch bei sehr leistungsstarken Individuen zu einem faktischen Leistungsabfall führen (Situation 4). Hier ist in besonderer Weise die mitfühlende und unterstützende Beratung gefragt, je nachdem auch unter Hinweis auf externe Unterstützungsmöglichkeiten.

Kunz/Rauch/Schneider: Schülergespräch und Lernberatung – Das Praxisbuch
© Auer Verlag – AAP Lehrerfachverlage GmbH, Donauwörth

3. TYPISCHE GESPRÄCHSSITUATIONEN *(Norbert Rauch)*

3.1 FLUR- UND PAUSENHOFGESPRÄCHE

„Herr Müller, haben wir in Mathe etwas auf?"
„Herr Meier, was kann ich noch machen, damit ich die bessere (Zeugnis-) Note bekomme?"

Jeder Lehrer kennt die vielen kurzen Anfragen oder Anmerkungen, mit denen man auf dem Weg von einer Klasse zum Lehrerzimmer konfrontiert wird. Im guten Willen, jede Anfrage ernst zu nehmen, versuchen Lehrkräfte so weit als möglich, auch immer eine Antwort zu geben. Diese Intention ist im Prinzip gut, aber nicht bei allen Fragen und Anmerkungen sinnvoll. Wenn Sie noch wissen, welche Mathe-Aufgaben sie gegeben haben, dann beantworten Sie diese Frage – und zeigen Ihre Kooperationsbereitschaft und Freundlichkeit.

Die zweite Frage ist eine Art Verführung, einen „Ratschlag" zu erteilen. Allerdings: „Ratschläge sind auch Schläge" – oder können zumindest auch so empfunden werden. Denn Ratschläge sind primär aus dem Blickwinkel des Ratgebers heraus entstanden – und berücksichtigen deshalb mit großer Wahrscheinlichkeit die Möglichkeiten und Intentionen des Ratsuchenden nicht angemessen. Aus diesem Grund ist es eher ein Zeichen von Professionalität, in einem solchen Fall zu sagen: „Wenn du ernsthaft für eine bessere Note arbeiten willst, dann sollten wir in Ruhe einmal darüber sprechen, wie dir dies am besten gelingen kann! In der nächsten Stunde vereinbaren wir einen Termin."

Mit diesen beiden Beispielen soll verdeutlicht werden, dass es unproblematisch ist, kurze (Sach-) Informationen auf Nachfrage auszutauschen. Je mehr es sich bei Antworten und Anmerkungen an Schüler um Anregungen, Vorschläge oder Hinweise zu Aufgaben und Aufträgen handelt, desto größer ist die Chance, dass diese als „Befehl", Ratschlag oder kritischer Kommentar zum Schüler und seinem Verhalten verstanden werden. Da in einem kurzen Gespräch mögliche Missverständnisse selten erkannt – und noch seltener geklärt werden können, ist in diesen Fällen ein vereinbartes Gespräch, das auch nicht „lange" dauern muss, die sicherere Variante und deshalb vorzuziehen.

3.2 GESPRÄCHE AM RANDE DER UNTERRICHTSSTUNDEN UND IN DEN UNTERRICHT INTEGRIERT

Für Gespräche im und am Rande des Unterrichts gelten im Prinzip die Anmerkungen wie bei 3.1, allerdings sind alle Themen, die unmittelbar mit dem jetzt laufenden Unterricht in engem Zusammenhang stehen, leichter im Gespräch zu bearbeiten.

„Wieso habe ich bei dieser Klausuraufgabe nur drei Punkte kommen?" Diese Frage im Anschluss an eine Besprechung einer Klausur könnte – je nach Tonfall – als „Angriff" auf die Korrektheit der Note verstanden werden. Wurde die Aufgabe aber eben besprochen, so lässt sich leicht die „Musterlösung" mit den tatsächlich vorhandenen Aussagen in der Klausur vergleichen – und die Unterschiede werden offensichtlich sein.

Denn Schüler und Lehrer haben gemeinsam einen Prozess durchlaufen (Vergleich von „Soll" und „Ist") und betrachten so eher die jeweilige Situation aus dem gleichen Blickwinkel. Dieses „Inhaltlich-in-einem-engen-Kontakt-Sein" ist eine wichtige Voraussetzung, gerade auch Verständnisfragen und Probleme bei der Bearbeitung von Aufgaben gemeinsam zu reflektieren. Dies beinhaltet das gemeinsame Nachdenken über Verständniswege und Lösungsstrategien und lädt beide Seiten ein, Handlungsalternativen zu sehen, deren Vorteile zur Kenntnis zu nehmen und einmal auszuprobieren.

3.3 SPRECHSTUNDENGESPRÄCH

Im Prinzip lassen sich zwei Sorten von Schüler-Gesprächen in den mit jedem Schüler mindestens ein- bis zweimal jährlich anzusetzenden Sprechstundenterminen unterscheiden.

a) Die Schüler wollen sich darüber informieren, „wie sie so stehen", wie sie also von der Lehrkraft in Mitarbeit und Leistungsfähigkeit eingeschätzt werden.

b) Die Schüler sind mit der Beurteilung durch die Lehrkraft unzufrieden und/oder vermuten bzw. erkennen deutliche Defizite bei sich und möchten gerne wissen, wie diese Lücken aufgefüllt werden könnten, um die gewünschte Note (und die Versetzung) zu erreichen.

Die eher informellen Gespräche vom Typ a) könnten – im Hinblick auf den reinen Informationsaustausch über die Noten und die Einschätzung – eher rasch erledigt sein. Dabei ist allerdings auch wieder die Gefahr einer „Einladung" zu Ratschlägen gegeben, wie sie unter 3.1 bereits besprochen wurde. Darüber hinaus ist dies meist nur die „unwichtigere Ebene" des tatsächlich stattfinden Gespräches. Meist findet unter dem Deckmantel eines Informationsaustausches ein wechselseitiges „Abtasten" statt: So könnten aus Schülersicht folgende Fragen im Raum stehen: „Wie findet mich der Lehrer – wie finde ich ihn, so persönlich? Ob er mich wohl leiden kann oder mich gar sympathisch findet? Was traut er mir zu? Wie kritisch betrachtet er mich und meine Leistungen? Wie gerecht fühle ich mich von ihm gesehen/behandelt/beurteilt?"

Weil diese Fragen meist im Raum stehen, aber praktisch nie offen thematisiert werden (vgl. Eisberg der Kommunikation S. 26, Abb. 14), sollten Sie diese in-

Kunz/Rauch/Schneider: Schülergespräch und Lernberatung – Das Praxisbuch
© Auer Verlag – AAP Lehrerfachverlage GmbH, Donauwörth

formellen Gespräche so gut wie möglich nutzen, einen guten Kontakt zu dem Schüler aufzubauen (s. 5.3: Gesprächseröffnung, Kontaktgespräch). Ein einmal hergestellter „guter Draht“ lässt sich auch in kritischen Situationen wieder „reaktivieren“ – und ist gerade dann eine unbedingte Voraussetzung für einen erfolgreichen Gesprächsverlauf.

Darüber hinaus haben Sie in solchen Gesprächen die Möglichkeit, ohne „Druck“ z. B. wegen eines Konfliktes über eine Beurteilung mit dem Schüler in eine Bearbeitung des Aspektes „Abgleich von Selbst- und Fremdwahrnehmung“ einzusteigen. Hier können Sie präventiv tätig sein. Denn die meisten Konflikte über Noten gehen auf eine unrealistische Selbsteinschätzung von Schülern zurück, die nicht gelernt haben, Selbst- und Fremdwahrnehmung abzugleichen und die dabei auftretenden Spannungen auszuhalten bzw. zu bearbeiten.

In einer konfliktträchtigen Ausgangslage (vgl. auch Beispiel 2b) werden Sie Ihre Einschätzung nur dann vermitteln können, wenn Sie zuerst einen guten Kontakt zum Schüler aufbauen und dann in einem klärenden Gespräch den Prozess der Notenfindung als Beitrag zur Transparenz darstellen (vgl. Klärungsgespräch). Möchte ein Schüler tatsächlich Hinweise zur Verbesserung seiner Leistungen aus dem Gespräch mitnehmen (vgl. Beispiel 2b), so sollten Sie dennoch nicht der Einladung zu „Ratschlägen“ folgen. Viel eher ist es zunächst hilfreich, mit dem Schüler zusammen seine vorhandenen Kompetenzen in Erinnerung zu rufen und mit ihm zu klären, welche Ideen und Optimierungsansätze er selbst sieht, welche Schritte er als nächstes gehen will usw. Erst danach kann es sinnvoll sein, ergänzende Vorschläge als Lehrkraft anzufügen – im Rahmen einer Reflexion, welche Schritte wohl für den Schüler reell leistbar sind und welche Erfolg versprechend sein könnten. Denn was ein Schüler als für ihn selbst richtigen nächsten Schritt erkannt hat, wird er eher umsetzen als einen ihm unverständlich gebliebenen Vorschlag der Lehrkraft.

3.4 GROSSES BERATUNGSGESPRÄCH MIT SONDERTERMIN

Hier lassen sich im Prinzip zwei Typen von Gesprächen unterscheiden:

a) Intensive Beratungsgespräche mit Schülern in schwierigen schulischen oder privaten Situationen

b) Konfliktgespräche mit Schülern nach schwerem Fehlverhalten mit drohenden schulischen Sanktionen

Zu a): Die Leistungen eines Schülers, dessen Motivation und Konzentration im Unterricht haben deutlich nachgelassen (vgl. Beispiele 3a, 3b) und/oder sein Verhalten im Unterricht wird immer auffälliger und störender. Die Beschwerden der Fachkollegen oder die irritierten Nachfragen beim Klassenlehrer („Was ist eigentlich mit … los?“) führen zu der Entscheidung, den Schüler einmal zu einem Gespräch „einzubestellen“.

Damit ist dieses sehr wichtige Gespräch am letztlich vereinbarten Termin meist schon überfällig und in seinem Verlauf von den Voraussetzungen her vermutlich vorbelastet. Dies soll am Beispiel von Ruth (Beispiel 3b) exemplarisch erläutert werden.

Für Ruth stellte sich die Situation wie folgt dar: Ihr Leistungsabfall war ihr schon länger bewusst. Bisher musste sie sich schon immer sehr anstrengen, um ein mittleres Notenniveau zu halten – und dann noch die lange Fehlzeit durch die Krankheit. Sie sah einen riesigen Berg an aufzuarbeitendem Stoff vor sich – zusätzlich zum laufenden Pensum, das für sie nur knapp zu bewältigen war. Dieser Druck lastete auf ihr – und beeinträchtigte ihre Konzentration im Unterricht und bei den Hausarbeiten. Jetzt aber wird sie „vorgeladen“ und fürchtet die Offenlegung ihrer Schwächen, die ihr eigentlich schon länger klar sind. Eine solche, für jeden Menschen sehr unangenehme Situation ist kein guter Start für einen konstruktiven Austausch. Dennoch ist ein warmherziges und wertschätzendes Gespräch eine wichtige Chance, notwendige nächste Schritte gemeinsam zu überlegen und wichtige Entscheidungen mit der Schülerin zusammen zu treffen. Diese positive Gesprächsatmosphäre trotz der schwierigen Situation herzustellen, ist die Kunst einer guten Gesprächsführung und die Frucht einer wertschätzenden Grundhaltung dem jeweiligen Gesprächspartner gegenüber (vgl. 5.4).

Zu b): Leider gibt es auch immer wieder Anlässe für Gespräche, bei denen Schüler nach den ersten vorliegenden Informationen ganz offensichtlich wichtige Regeln im Umgang der Schüler untereinander oder im Umgang mit Kollegen nicht eingehalten haben. Solche Gespräche haben dann die wichtige Aufgabe, den tatsächlichen Sachverhalt zu klären, zu überprüfen, ob tatsächlich ein Regelverstoß vorlag, wie bewusst dies in Kauf genommen oder absichtlich vorgenommen wurde, wie der Schüler heute zu seinem Verhalten steht und welche Sanktionen anzuwenden sind. Vom Endergebnis her betrachtet, handelt es sich dabei in vielen Fällen um Konfliktgespräche. Im pädagogischen Kontext betrachtet, könnte sich an die Klärung des Sachverhaltes auch ein Beratungsgespräch anschließen. Deshalb wird der erfahrene Gesprächsleiter in solchen Fällen beide Entwicklungslinien als Möglichkeit „im Kopf“ haben.

Im Beispiel 4 wird das Gespräch mit Alex einen hohen Anteil an „Konfliktbearbeitung“ beinhalten – denn er hat eindeutig Persönlichkeitsrechte durch die Veröffentlichung von Nacktfotos schwerwiegend verletzt. In diesem Kontext wird auch die Frage nach den Absichten seines Handelns anzusprechen und im Sinne eines Beratungsgespräches zu berücksichtigen sein. Denn hier liegt offenbar eine krasse Diskrepanz zwischen Selbst- und Fremdwahrnehmung des eigenen Verhaltens vor.

Kunz/Rauch/Schneider: Schülergespräch und Lernberatung – Das Praxisbuch
© Auer Verlag – AAP Lehrerfachverlage GmbH, Donauwörth

In einem solchen eher krassen Fall wie dem vorliegenden ist es sinnvoll, zunächst in der gebotenen Bestimmtheit und Klarheit auf eine Klärung des Konfliktaspektes zu drängen, nicht ohne allerdings ein Angebot für einen späteren Gesprächstermin im Sinne eines Beratungsgespräches anzubieten. Denn nach einem Gespräch über einen schwerwiegenden Konflikt ist es kaum möglich, einen guten Übergang zu einem Beratungsgespräch zu finden. Beide sind noch zu sehr mental mit dem Konflikt beschäftigt.

Kunz/Rauch/Schneider: Schülergespräch und Lernberatung – Das Praxisbuch
© Auer Verlag – AAP Lehrerfachverlage GmbH, Donauwörth

4. DAMIT GESPRÄCHE GELINGEN – EINSICHTEN UND GRUNDHALTUNGEN *(Norbert Rauch)*

4.1 ZUM KONTEXT VON SCHÜLERGESPRÄCHEN

☐ EINLEITUNG

„Deine Kinder sind nicht deine Kinder.
Sie sind die Söhne und Töchter der Sehnsucht des Lebens nach sich selbst."

(Khalil Gibran, arabischer Dichter, 1883–1931)

Khalil Gibran hat schon sehr früh eine wichtige Einsicht für Eltern formuliert, die erst recht für jede Lehrkraft gilt. Wenn wir als Lehrkräfte in den Schülern „die Sehnsucht des Lebens nach sich selbst", also die ganzen Chancen, die in diesem Menschen verborgen sind, zur Entfaltung bringen sollen, können wir dies nur, wenn wir die familiären und schulischen Kontexte sehen, die eine Entwicklung begünstigen oder behindern. Diese „systemische Sicht" rückt die Bedeutung der sozialen Interaktion von Menschen miteinander (z. B. im System Klasse oder im System Schule) in das Blickfeld. Sie hilft, viele Einflussfaktoren in den Blick zu nehmen und manche Verhaltensmuster von Schülern als „sinnvoll aus dem Blickwinkel des Schülers" zu verstehen. So wird eine einseitige Fokussierung auf den Schüler und seine (negativen) Eigenschaften vermieden (vgl. Beispiele 2a, 3a; Bamberger, Lösungsorientierte Beratung; Henning/Ehinger, Das Elterngespräch in der Schule).

Die Erfahrung aus vielen Lehrerfortbildungen zur Gesprächsführung zeigt, dass sich die Kollegen sehr gut in die Situation von Schülern hineinversetzen können – wenn Sie sich dazu etwas Zeit nehmen (vgl. Übung, 4.4). Hilfreich für diesen Prozess des Verstehens sind auch einige Modellvorstellungen zur Beschreibung von sozialen Interaktionen, wie das „Faktorendreieck der Themenzentrierten Interaktion", der „Gruppendynamische Prozess", die „Subjektiven Theorien", die das Handeln eines Menschen bestimmen, und der „Pädagogische Doppeldecker" wie ihn D. Wahl zur Veränderung von Verhaltensweisen beschrieben hat.

☐ THEMENZENTRIERTE INTERAKTION – WICHTIGE ASPEKTE VON OPTIMALEN LERN-RAHMENBEDINGUNGEN

Lernen in der Schule findet immer in kleineren oder größeren Gruppen statt. Lern- und Arbeitsprozesse laufen also immer in einem Spannungsfeld ab, wie es Ruth Cohn im Faktorendreieck der Themenzentrierten Interaktion beschrieben hat.

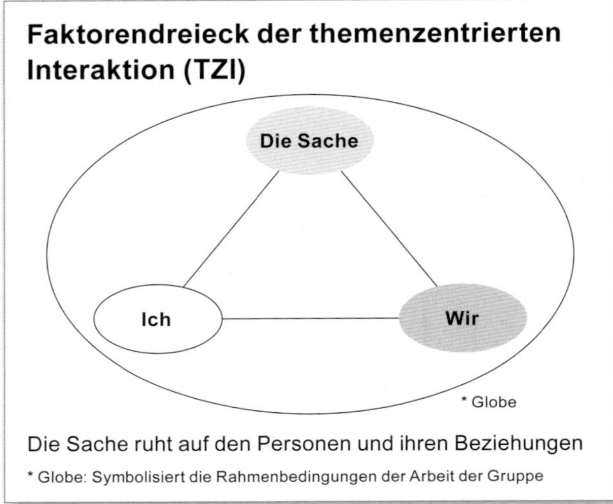

Abb. 2: Faktorendreieck der themenzentrierten Interaktion (TZI)

Optimale Lern-Rahmenbedingungen für Schüler in der Schule

5) „Ich weiß, wie ich offene Lernangebote effektiv nutzen kann und mir so interessantes Lernen ermögliche."

4) „Ich weiß, wie ich gut mit anderen zusammenarbeiten und lernen kann. Ich kann Hilfe anderer annehmen und andere beim Lernen unterstützen".

3) „Ich kann über mein Lernverhalten reflektieren und damit meine Lernstrategien optimieren. Und ich kann und will Verantwortung für mein Lernen übernehmen."

2) „Was mir zum Lernen angeboten wird, ist interessant für mich, regt mich an und ich kann aktiv sein – auch mit anderen zusammen. Und ich komme irgendwie mit."

1) „Ich habe meinen Platz in der Klasse gefunden und fühle mich sicher und akzeptiert. Ich respektiere die anderen und fühle mich auch für sie verantwortlich."

Abb. 3: Optimale Lern-Rahmenbedingungen für Schüler in der Schule

Kunz/Rauch/Schneider: Schülergespräch und Lernberatung – Das Praxisbuch
© Auer Verlag – AAP Lehrerfachverlage GmbH, Donauwörth

Optimale Entwicklungs-Rahmenbedingungen für Kinder/Jugendliche in der Familie

5) „Ich weiß, was mein angemessener Platz in der Familie ist. Ich nutze diese Möglichkeiten verantwortlich, trage meinen Teil zum Familienleben bei, erweitere so meinen Handlungsspielraum – und eröffne mir wichtige Entscheidungs- und Entwicklungsräume."

4) „Ich weiß, wie ich gut mit anderen zusammen zu einem positiven Familienleben beitragen kann. Ich kann Hilfe anderer annehmen und andere wie selbstverständlich unterstützen."

3) „Ich kann über mein Verhalten in der Familie reflektieren und damit mein Verhalten der jeweiligen Situation anpassen. Und ich kann und will Verantwortung für mein Handeln übernehmen."

2) „Mein Handlungsrahmen in der Familie ist meiner Selbstständigkeit angemessen. Ich nutze diesen konstruktiv und verantwortungsbewusst. Ich werde darin unterstützt, meinen Handlungsspielraum angemessen zu erweitern und mich weiterzuentwickeln."

1) „Ich fühle mich von meinem familiären Umfeld angenommen und geliebt. Ich habe meinen Platz gefunden und fühle mich sicher und sehe auch meine Verantwortung für andere."

Abb. 4: Optimale Entwicklungs-Rahmenbedingungen für Kinder/Jugendliche in der Familie

Danach gilt, dass eine Person in einer Gruppe nur erfolgreich leben und arbeiten kann, wenn eine Balance zwischen dem eigenen Wohlbefinden, der angemessenen Integration in die Gruppe und den Herausforderungen der Aufgabe gegeben ist. Dabei wird eine Person umso eher in der Lage sein, sich angemessen in eine Gruppe zu integrieren, je mehr sie ein angemessenes Selbstbewusstsein entwickeln konnte und sich über ihre Chancen und Grenzen im Klaren ist. Damit sind gute Voraussetzungen geschaffen, sich ganz einer „Sache" zuzuwenden und damit als Person und auch zusammen mit der Gruppe erfolgreich zu sein. Dementsprechend lässt sich für die Familie und die Schule jeweils eine „Pyramide von optimalen Entwicklungs-/Lernrahmenbedingen" formulieren, die wichtige Rahmenbedingungen skizzieren – und damit auf Felder hinweisen, von denen Störungen des Entwicklungs-/Lernfortschritts von Schülerinnen ausgehen können.

Die in den „Pyramiden" genannten Aspekte wurden absichtlich in der Ich-Form, also aus der Sicht des Kindes/Jugendlichen/Schülers formuliert. Denn so steht immer die Frage im Raum: Könnte jeder einzelne Schüler in meiner Klasse dies so sagen?

Je mehr ein Schüler die meisten oder gar alle Aspekte für sich als zutreffend benennen wird, desto eher wird er erfolgreich und in der Lage sein, sich angemessenen Herausforderungen zu stellen. Je mehr ein Schüler zu einem oder gar mehreren Aspekten einschränkende Antworten geben würde, desto deutlicher werden die entsprechenden Lern- und Entwicklungs-Hemmnisse sein. Damit skizzieren das TZI-Dreieck und die beiden Pyramiden wichtige Rahmenbedingungen, die die Grundlage eines jeden Schülers für sein jeweils aktuelles Handeln sind.

Wenn also für die Schülerin in Situation 3a die Anerkennung in der Gruppe – für sie erfahrbar in vielen Kontakten innerhalb der Gruppe – ihr wichtigstes „Arbeitsfeld" ist, dann ist es aus ihrem Blickwinkel sinnvoll, im Chemieunterricht viele Kontakte zu knüpfen und zu halten – „zu quatschen" – und so bleibt das Fachwissen auf der Strecke. Dieses Beispiel mag verdeutlichen, wie sehr sich die Blickwinkel von Lehrkräften und Schülern unterscheiden können.

Wie im eben genannten Fall sind für uns als Lehrkräfte deshalb viele Verhaltensweisen von Schülern schwer nachvollziehbar, „nicht sinnvoll". Übernimmt man aber einmal konsequent die Sicht des Schülers, ergibt sich häufig ein sinnvoller Kontext – in für uns unsinnigem Handeln.

Vor diesem Hintergrund wird deutlich, wie problematisch manchmal Ratschläge und „belehrende" Gespräche mit Schülern für diese sein können. Denn diese haben als Bezugspunkte immer die Sicht des Lehrers, die nicht mit der des Schülers überstimmen muss, sondern häufig vielfach fast diametral entgegensteht.

Kunz/Rauch/Schneider: Schülergespräch und Lernberatung – Das Praxisbuch
© Auer Verlag – AAP Lehrerfachverlage GmbH, Donauwörth

☐ UNTERRICHTSRELEVANTE SCHÜLERKOMPETENZEN

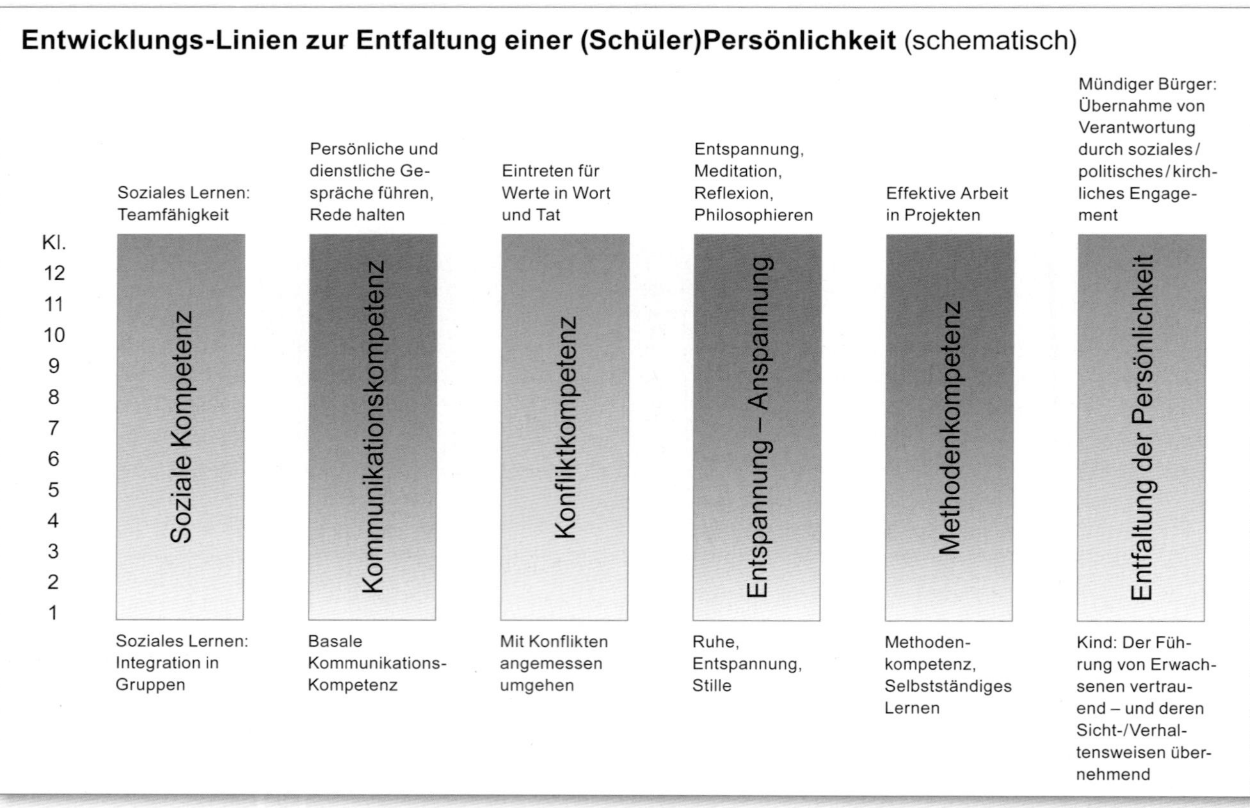

Abb. 5: Entwicklungs-Linien zur Entfaltung einer (Schüler-)Persönlichkeit

Schülergespräche haben häufig die Intention, auf Veränderungen im Verhalten des Schülers hinzuwirken. Dies wird aber nur dann erfolgreich sein, wenn der Schüler einerseits den Willen zur Veränderung hat, weil er darin einen Vorteil sieht (s.o. Schülersicht), und andererseits entsprechende Handlungsalternativen kennt.

Die Änderung von Verhaltensweisen setzt aber voraus, dass der Schüler gewohnt ist, über sein Verhalten zu reflektieren, Handlungsalternativen zu sehen und aus diesen auszuwählen. Diese drei Aspekte sind jedoch bei vielen Schülern nicht gegeben. Es ist müßig, darüber zu klagen, dass dies eigentlich Teil des Erziehungsauftrages der Eltern sei. Viele Eltern sind nicht in der Lage, diesem Teil ihres Erziehungsauftrages gerecht zu werden und dem Kind die entsprechende Unterstützung bei der Entwicklung zukommen zu lassen. Deshalb muss dies in manchen Bereichen von der Schule übernommen werden. Das ist sicher nicht generell möglich, in manchen Fällen aber der einzige Weg, um zu einer nachhaltigen Veränderung zu kommen. Deshalb ist es sinnvoll, im Prinzip die fünf wichtigen Entwicklungslinien der Kompetenzen eines Kindes/Jugendlichen zu sehen und sich gegebenenfalls zu fragen, in welchem Kompetenz-Bereich er oder sie eine besondere Unterstützung erfahren sollte. Diese Kompetenzbereiche sind:

- ▶ Sozialkompetenz
- ▶ Kommunikationskompetenz
- ▶ Konfliktkompetenz
- ▶ Konzentrations- und Entspannungskompetenz
- ▶ Methodenkompetenz
  (vgl. Abb. 5 sowie Brüning/Saum 2009, Leisenheimer 2007, Hessisches Kultursministerium 2005)

Kunz/Rauch/Schneider: Schülergespräch und Lernberatung – Das Praxisbuch
© Auer Verlag – AAP Lehrerfachverlage GmbH, Donauwörth

Die Schüler der Klasse beherrschen die Kompetenz:

KV 01

Unterrichtsrelevante Schülerkompetenzen (nach Brüning/Saum 2009)

Die Schüler der Klasse beherrschen die Kompetenz:

	☺	😐	☹	Priorität
1. Konstruktiv miteinander kommunizieren				
jemandem zuhören				
leise miteinander sprechen				
Blickkontakt halten				
ausreden lassen können				
aktiv zuhören				
in der Gruppe sitzen und bleiben				
auf freundliche Weise Sachkritik üben				
sich auf Beiträge beziehen und sie ergänzen				
Beiträge von anderen zusammenfassen				
Gesprächsanteile in der Gruppe gleichmäßig verteilen				
Ideen zusammentragen und auf den Punkt bringen können				
Zusammenarbeit reflektieren können				
Kompromisse finden und akzeptieren				
zu Empathie und zum Perspektivwechsel in der Lage sein				
2. Sich gut benehmen				
sich entschuldigen können				
sich begrüßen				
sich bedanken				
Auskünfte freundlich geben und erfragen können				
3. Sich gegenseitig unterstützen, helfen und voranbringen				
anderen Hilfe anbieten				
selbst Hilfe annehmen				
zu zweit abfragen, Ergebnisse vergleichen und verbessern				
sich bei Partnerarbeit loben				

KV 01

sich gegenseitig aufbauen durch loben; nonverbal ermutigen und Erfolge feiern				
in Dreier- und Vierergruppen Ergebnisse vergleichen und verbessern				
Funktionen innerhalb der Lerngruppe verteilen, verrichten und auswerten				
Feedback geben				
Klärung oder Verständnis erfragen				
Antworten ergänzen				
Gruppenprozesse reflektieren können				
4. Verantwortung für die eigene Klasse übernehmen können				
Regeln einhalten				
niemanden ausgrenzen				
die eigene Klasse sauber halten				
Aufgaben in der Klasse zuverlässig übernehmen				
5. Konflikte fair austragen können				
auf freundliche Weise Kritik üben, dabei Sache und Person trennen				
Kritik auf personaler Ebene freundlich und konstruktiv äußern				
Kritik annehmen				
bei Konflikten vermitteln				
sich einigen (einen Konsens bilden)				

Tab. 1: Unterrichtsrelevante Schülerkompetenzen (nach Brüning/Saum 2009) (s. **KV 01**, Materialsammlung S. 64 und auf der CD)

In der Tabelle 1 sind einige wichtige Schülerkompetenzen aufgelistet (aus Brüning/Saum). Viele davon erscheinen auf den ersten Blick trivial, und tatsächlich beherrschen meist einige der Schüler die entsprechenden Kompetenzen, auch wenn sie diese nicht immer wie selbstverständlich einsetzen. Für manche Schüler gehören diese aber keineswegs zum üblichen Verhaltensinventar. Diese fehlenden Kompetenzen führen deshalb immer wieder zu Unterrichtsunterbrechungen. Dies ist nicht „Böswilligkeit" des entsprechenden Kindes/Jugendlichen, sondern ein Unvermögen, das durch Training behoben werden kann.

Beispiel: Stellen Sie sich vor, in einer Klasse gibt es zwei bis drei Schüler, die bei wichtigen Gesprächen über sensible Themen im Klassenrat immer wieder die dichte Gesprächsatmosphäre durch wenig einfühlsame Anmerkungen zerstören. Diese fehlende Empathie wird wichtige Gruppenprozesse vielleicht unmöglich machen – und damit als „limitierender Faktor" die weitere Entwicklung der Klasse zu einer „Intensiven Lerngruppe" behindern. Dies versucht die Abb. 6 zu verdeutlichen, indem die Kompetenzen als Höhe von Fassdauben dargestellt werden.

Dabei wird die Füllhöhe immer durch die Fassdaube mit der geringsten Höhe, dem Minimumfaktor, bestimmt (hier: Empathie anzeigen).

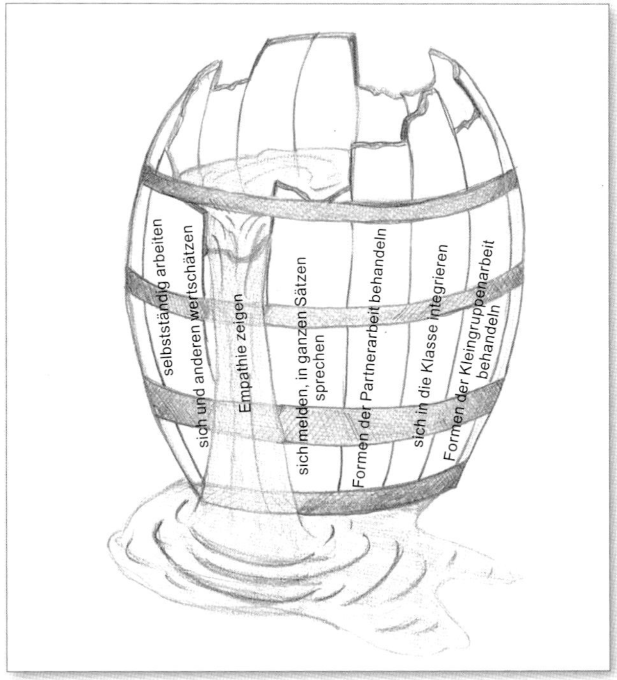

Abb. 6: Minimum-Fass

Kunz/Rauch/Schneider: Schülergespräch und Lernberatung – Das Praxisbuch
© Auer Verlag – AAP Lehrerfachverlag GmbH, Donauwörth

SOZIALE INTEGRATION UND GRUPPENDYNAMISCHE PROZESSE IN LERNGRUPPEN

Es ist davon auszugehen, dass die Mehrzahl der Kinder/Jugendlichen zu Beginn der Schulzeit bzw. des Eintritts in eine Lerngruppe ein großes Interesse daran haben, sich in diese Klasse/Lerngruppe zu integrieren, sich dazu an den Anweisungen der Lehrkraft zu orientieren und diese zu respektieren. Zu einer gelungenen Integration gehören eine Reihe von sozialen Kompetenzen, die eng verflochten sind mit entsprechenden kommunikativen Fähigkeiten, z. B. zuhören, mit jemandem Geduld haben, ausreden lassen, freundlich nachfragen, jemanden angemessen ansprechen, Empathie zeigen können … (vgl. Kompetenzen nach Brüning/Saum, Tabelle 1). Sicher ist es leicht einsehbar, dass auch die anderen Kompetenzbereiche einen wichtigen Beitrag zur Gesamtentwicklung leisten werden und alle Kompetenzen eng miteinander verknüpft sind und sich gegenseitig fördern. So wird ein Kind, das nicht gelernt hat, sich zu entspannen, große Schwierigkeiten haben, einem anderen Kind in Ruhe zuzuhören und geduldig zu warten, bis es mit seiner Wortmeldung an der Reihe ist. Diesem Kind wird es aber auch schwerfallen, in Ruhe sehr systematisch eine Aufgabe zu bearbeiten, auch wenn ihm das methodische Vorgehen bekannt ist.

Und was für ein einzelnes Kind bzw. einen einzelnen Schüler gilt, ist auch für eine Klasse als Ganzes von Bedeutung. Denn auch eine Klasse muss als Gruppe lernen, miteinander zu leben, zu lernen, einander zuzuhören, mit einander Geduld zu haben … . Diese Kompetenzen müssen mit den Schülern eintrainiert und reflektiert werden, damit sie sicher für die Klasse verfügbar sind. Dies muss im Rahmen des „Gruppendynamischen Prozesses" geschehen, wenn im Rahmen der Orientierungsphase und der Phase der Normen- und Rollenfindung aus einer Ansammlung von Individuen eine aktive Klassen- und Lerngemeinschaft entstehen soll. Nur wenn die Gruppe in die Phase der „Produktivität" gelangt, hat jeder Schüler seinen Platz gefunden und fühlt sich sicher und respektiert (vgl. Abb. 3: Pyramide; vgl. Green/Green 2005, Stanford 1998).

Leider werden solche Prozesse von vielen Lehrkräften aber nicht gesehen und/oder nicht aktiv gestaltet, sodass sich in manchen Klassen nach der Orientierungs- und Normenfindungsphase erste Spannungen zeigen. Oft sind dann erste Außenseiter zu beobachten, die sich nur noch schwer integrieren lassen. So gelangen manche Klassen nie in die Phase der Produktivität, sondern verharren in einer nicht endenden „Normenfindungs-Phase", die durch viele Machtkämpfe gekennzeichnet ist. Daraus resultieren viele Probleme, die durch Gespräche mit „schwierigen Schüler" geklärt und gelöst werden sollen. Dabei wird übersehen, dass z. B. ein „Außenseiter" nicht von sich aus seine Situation nachhaltig verändern kann, sondern nur in

KV 02

Der Gruppendynamische Prozess

Phasen – wichtige Fragen – typische Verhaltensmuster

Phase	Wichtige Fragen	Typische Verhaltensmuster
Orientierung	• Welche der anderen Gruppenmitglieder werde ich kennen? • Wie werde ich von der Gruppe angenommen? • Kann ich einen „guten Platz" in der Gruppe bekommen? • Wie wird der Lehrer sein? • Werde ich den Lehrer sympathisch finden? • Werde ich mit meinen Leistungen eher zu den Stärkeren oder eher zu den Schwächeren gehören?	• sich bekannten anderen Schülern anschließen • Mädchen setzen sich neben Mädchen, Jungen neben Jungen. • eher vorsichtiges und zurückhaltendes Verhalten • eher leise Gespräche zwischen einzelnen Schülern • eher schweigendes Abwarten • auf Nachfragen eher vorsichtige Meinungsäußerung • eher vorsichtige Aussagen
Machtkampf	• Wo stehe ich in der Rangliste der ‚Stärke'? • Wo stehe ich in der Rangliste der Beliebtheit? • Wo stehe ich in der Rangliste der schulischen Leistungsfähigkeit? • Gegen wen würde ich einen Kampf (körperlich/mit Worten) gewinnen/verlieren?	• Seitengespräche im Unterricht beginnen (leiser – lauter) • Spontane Wortbeiträge nehmen zu. • Es wird auch über Äußerungen anderer Schüler gelacht. • Kommunikation wird direkter. • Bemerkungen werden direkter, intensiver, z.T. auch frecher. • Aussagen des Lehrers werden kommentiert (pos./neg.) oder hinterfragt.
Rollen-Findung /Zuweisung	• Was kann ich gut, was andere nicht können? • Was kann ich im Vergleich zu anderen auffallend schlecht?	• Aussagen von Mitschülern oder vom Lehrer wird widersprochen oder diese werden sogar abgewertet. • Erste Diskussionen über Entscheidungen des Lehrers finden statt.
Normenfindung	• Wird der Lehrer eher streng oder locker sein? • Darf ich während des Unterrichts mit anderen reden (nur ganz leise, auch mal lauter)? • Darf ich in die Klasse rufen – oder muss ich mich immer melden? • Darf ich den Lehrer etwas fragen – oder werde ich abgewiesen? • Was geschieht, wenn ich eine ‚falsche' Antwort gebe?	

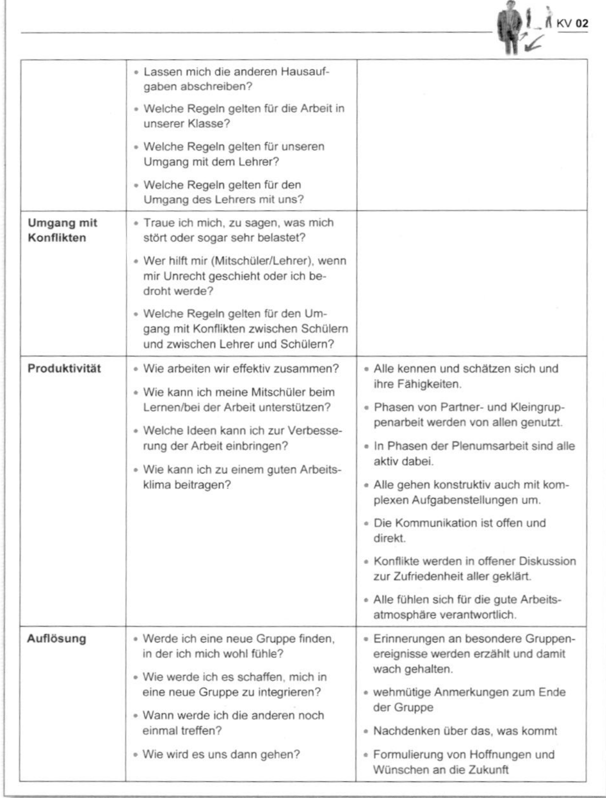

KV 02

	• Lassen mich die anderen Hausaufgaben abschreiben? • Welche Regeln gelten für die Arbeit in unserer Klasse? • Welche Regeln gelten für unseren Umgang mit dem Lehrer? • Welche Regeln gelten für den Umgang des Lehrers mit uns?	
Umgang mit Konflikten	• Traue ich mich, zu sagen, was mich stört oder sogar sehr belastet? • Wer hilft mir (Mitschüler/Lehrer), wenn mir Unrecht geschieht oder ich bedroht werde? • Welche Regeln gelten für den Umgang mit Konflikten zwischen Schülern und zwischen Lehrer und Schülern?	
Produktivität	• Wie arbeiten wir effektiv zusammen? • Wie kann ich meine Mitschüler beim Lernen/bei der Arbeit unterstützen? • Welche Ideen kann ich zur Verbesserung der Arbeit einbringen? • Wie kann ich zu einem guten Arbeitsklima beitragen?	• Alle kennen und schätzen sich und ihre Fähigkeiten. • Phasen von Partner- und Kleingruppenarbeit werden von allen genutzt. • In Phasen der Plenumsarbeit sind alle aktiv dabei. • Alle gehen konstruktiv auch mit komplexen Aufgabenstellungen um. • Die Kommunikation ist offen und direkt. • Konflikte werden in offener Diskussion zur Zufriedenheit aller geklärt. • Alle fühlen sich für die gute Arbeitsatmosphäre verantwortlich.
Auflösung	• Werde ich eine neue Gruppe finden, in der ich mich wohl fühle? • Wie werde ich es schaffen, mich in eine neue Gruppe zu integrieren? • Wann werde ich die anderen noch einmal treffen? • Wie wird es uns dann gehen?	• Erinnerungen an besondere Gruppenereignisse werden erzählt und damit wach gehalten. • wehmütige Anmerkungen zum Ende der Gruppe • Nachdenken über das, was kommt • Formulierung von Hoffnungen und Wünschen an die Zukunft

Tab. 2: Der Gruppendynamische Prozess: Phasen – wichtige Fragen – typische Verhaltensmuster (s. **KV 02**, Materialsammlung S. 66/67 und auf der CD)

Kunz/Rauch/Schneider: Schülergespräch und Lernberatung – Das Praxisbuch
© Auer Verlag – AAP Lehrerfachverlage GmbH, Donauwörth

Zusammenarbeit mit der Klasse. Leider haben sich aber in solchen Fällen häufig die jeweiligen Verhaltensmuster auf beiden Seiten schon so verfestigt, dass sie nur schwer zu verändern sind.

In einer solchen Situation ausschließlich Einzelgespräche zu führen mit der Erwartung, dass der jeweilige Schüler sein Verhalten radikal ändert, wird nicht sehr erfolgreich sein. Denn der einzelne Schüler ist Teil eines eng verflochtenen Systems, aus dem er sich nicht ausklinken kann. Nur in Verbindung mit der Arbeit mit der ganzen Klasse werden sich hier Erfolge einstellen.

Wenn Sie den Eindruck haben, dass in Ihrer Klasse/Lerngruppe der „gruppendynamische Prozess" leider irgendwie falsch abgelaufen ist und sich die Gruppe immer (noch) in der „Machtkampf-Phase" untereinander und mit der Lehrkraft befindet, so lohnt es sich, diesen durch Übungen zu reflektieren und ihm eine andere Richtung zu geben. Umso wichtiger erscheint es deshalb, im Sinne einer Prävention durch Übungen zum Sozialen Lernen die Schüler in vielfältiger Weise untereinander in Kontakt zu bringen und so der Bildung von Vorurteilen entgegenzuwirken (vgl. Krucinski 2011).

Ein Beispiel: Lukas ist der Klassenclown (z. B. Klasse 8). Er ist sehr kreativ mit seinen Wortbeiträgen, mit denen er die Klasse erheitert, ablenkt und auf sich aufmerksam macht. Die Klasse nimmt diese Unterrichtsabwechslungen gerne an und spendet ihm durch zustimmendes Lachen Applaus. Alle Ermahnungen bewirken nichts. Denn weder die Klasse noch Lukas wollen auf diese „positiven Effekte" seines Handelns verzichten. Im Laufe der Zeit werden die Lehrkräfte immer ärgerlicher, die Beiträge von Lukas häufiger – und primitiver. Irgendwann finden Sie keinen Anklang in der Klasse mehr – und die Schüler sagen immer öfter: „Lukas, halt die Klappe". Nach wenigen Schüleranmerkungen sieht Lukas keinen Rückhalt mehr in der Klasse – und verlässt diese. Damit ist – vordergründig – für die Klasse das Problem gelöst. Aber Lukas nimmt seine Leistungsdefizite mit in die neue Klasse, versucht diese „Masche" erneut, weil er gewohnt ist, so Aufmerksamkeit gewinnen zu können – und verpasst so die Chance für einen wirklichen Neuanfang (vgl. auch nachfolgenden Abschnitt).

HANDLUNGSBESTIMMENDE „SUBJEKTIVE THEORIEN" BEI LEISTUNGSSTARKEN/ -SCHWACHEN SCHÜLERN

Die Aspekte soziale Kompetenz und soziale Integration, Selbstbewusstsein und Sehen von Handlungsalternativen können von großer Bedeutung sein, wenn es darum geht, in einem kürzeren oder längeren Gespräch einen Schüler zu verstehen und ihm mögliche andere und erfolgreichere Handlungsmuster anzubieten und damit eine Verhaltensänderung zu bewirken.

Allerdings gibt es auch Schüler, die sehr wenig Selbstbewusstsein und damit auch wenig Leistungsbewusstsein haben, bei denen die Lehrkraft aber noch viel mehr Potenzial vermutet. Ferner gibt es auch Schüler, die im Gespräch durchblicken lassen, dass sie es aufgegeben haben, das Klassenziel erreichen zu wollen– obwohl die Lehrkraft sich sicher ist, dass dies möglich wäre.

Zum Verständnis der emotionalen Situation solcher Schüler ist die Modellvorstellung der „Subjektiven Theorien" hilfreich (Wahl 2005). „Subjektive Theorien" sind Überzeugungen von Menschen, die ihr Handeln bestimmen, ähnlich – stark vereinfacht – der Software eines Computers. Ein PC beherrscht nur die Tabellenkalkulation, wenn ein entsprechendes Programm geladen ist. Und er kann es nur so, wie dieses Programm es vorgibt. (Es gäbe also auch andere Programme.)

So ähnlich ist es auch bei den Subjektiven Theorien, die das Handeln des Menschen bestimmen. Vielfach sind uns diese gar nicht bewusst – aber wir handeln danach. Hier zwei Beispiele für Schüler, die offensichtlich nach ganz unterschiedlichen Grundsätzen handeln:

> Schüler A: „Es ist anstrengend, immer im Unterricht aufmerksam zu sein, sich in jeder Stunde zu beteiligen und immer die Hausaufgaben zu machen. Wenn ich so ein bisschen aufpasse, damit ich die grobe Richtung kenne, dann kann ich mir die „lästigen Details" vor der Klassenarbeit in ein paar Stunden reinpauken. Das reicht immer für eine Vier – mehr brauche ich nicht".

> Schüler B: „Wenn ich in jeder Stunde aufpasse, mir alle Fragen, die ich habe, im Unterricht erklären lasse und im Prinzip immer die Hausaufgaben erledige, dann bin ich fit für die Klassenarbeiten, auch ohne langes Pauken davor. So fühle ich mich sicher, und es fällt mir leicht, eine gute Note zu schreiben. Dann mögen mich meine Lehrer und Eltern – und ich habe einen guten Stand in der Klasse".

Solche oder ähnliche „subjektive Theorien" lassen sich für alle Schüler formulieren (vgl. Tabelle 3). Das bedeutet aber nicht, dass den Schülern dies bewusst wäre – aber sie handeln faktisch nach diesen „Leitlinien".

Kunz/Rauch/Schneider: Schülergespräch und Lernberatung – Das Praxisbuch
© Auer Verlag – AAP Lehrerfachverlage GmbH, Donauwörth

Subjektive Theorien von „leistungsschwachen" Schülern (Typ A)		
Ich bin zwar nicht so gut, aber eine Vier reicht ja auch immer. Bisher habe ich immer Glück gehabt und dann muss ich mich nicht so anstrengen. Und wenn es eng wird, dann mach ich noch ein Referat – das reicht.	In jeder Stunde aufzupassen und immer wenn nötig Fragen zu stellen, ist sooo anstrengend. Wenn ich dann vor einem Test den Stoff auf einmal lerne, dann habe ich alles frisch im Kopf und kann es besser!	Für die Schule ist der Lehrer verantwortlich. Ich kann da sowieso nichts machen. Wenn ich da nichts lerne, ist der Lehrer schuld!
Subjektive Theorien von „leistungsstarken" Schülern (Typ B)		
Wenn ich mich in allen Fächern so anstrenge, dass ich mindestens eine Drei habe, dann halte ich einen „Sicherheitsabstand" ein. Selbst wenn ich dann einmal in einer Arbeit Pech habe, ist meine Versetzung doch nicht gefährdet.	Wenn ich in jeder Stunde aufpasse und bei Unklarheiten Fragen stelle, dann kann ich immer dem Stoff folgen, bleibe „am Ball" und muss nie viel nacharbeiten.	Für die Gestaltung des Unterrichts ist zwar der Lehrer verantwortlich, aber es ist meine Sache, aus diesem Angebot jenes für mich herauszuholen, was ich brauche. Ich muss den Lehrer nicht mögen, aber ich will im Unterricht etwas lernen.

Tab. 3: Subjektive Theorien von Schülern

Wenn Sie einen Schüler vom Typ A davon überzeugen wollen, dass es sich lohnt, sich im Unterricht zu beteiligen, dann werden Sie vermutlich bei ihm keinen Erfolg haben. Seine subjektive Theorie lässt ihn in einem Gespräch mit Ihnen auf „Durchzug" schalten. Dies wird sich erst ändern, wenn es Ihnen gelingt, dieses Denken zu verändern. Eine wichtige Voraussetzung dazu ist, seine Subjektive Theorie zu kennen, sie im Gespräch mit dem Schüler als scheinbar vorhandenes Handlungsmuster offen zu legen, als eine mögliche, unter bestimmten Bedingungen sinnvolle Strategie anzuerkennen und die Vor- und Nachteile mit dem Schüler zusammen abzuwägen („Dieses Vorgehen hat diese Vorteile, aber das Festhalten an diesem Muster hat auch einen Preis").

Dabei lassen sich für leistungsstärkere und leistungsschwächere Schüler jeweils typische grundlegende Denkmuster erkennen, die schwerwiegende Folgen für das Handeln weit über den Unterricht hinaus haben. Deshalb ist es eine sehr nützliche Übung, sich mehr in solche subjektiven Theorien hineinzudenken (vgl. Übung 4.1).

Ein Vergleich der subjektiven Theorien von „leistungsstarken" und „leistungsschwachen" Schülern zeigt deutliche Unterschiede und lässt sehr unterschiedliche Grundüberzeugungen offensichtlich werden.

- Leistungsstärkere Schüler haben meist ein klares Ziel vor Augen, sie sind von der Wirksamkeit ihrer Bemühungen überzeugt und sehen klare Vorteile in der Organisation und Reflexion ihres Handelns. Ihr Handeln ist also primär bestimmt von wichtigen Grundabsichten (vgl. Tab.3) wie „Ich bin wirksam" oder „Ich möchte immer besser werden".
- Leistungsschwächere Schüler haben häufig kein (schulrelevantes) Ziel vor Augen, sie bezweifeln, ob ihr Handeln in der Schule etwas bewirkt, sie möchten auf jeden Fall Frust vermeiden. Sie möchten auf jeden Fall zu einer Clique von Gleichaltrigen gehören, auch wenn z. B. das „Coolsein" die Arbeitshaltung und damit die Schulnoten möglicherweise sehr negativ beeinflusst. Ihr Handeln ist also primär bestimmt von der Devise „Ich bin nicht wirksam, ich will auf jeden Fall dazu gehören und im Zweifelsfall riskiere ich nichts, um nicht frustriert zu werden".

☐ ÄNDERUNG VON VERHALTENSMUSTERN – PÄDAGOGISCHER DOPPELDECKER

Wenn Sie also bei einem leistungsschwächeren Schüler die o. g. Grundüberzeugungen feststellen, dann ändern Sie vermutlich nichts mit einem Appell wie z. B. „Du willst doch den Abschluss schaffen – oder?". Er wird ausweichend antworten, um das für ihn quälende Gespräch endlich zu beenden.

Ein erfolgversprechender Weg dagegen wird sein, mit ihm zu reflektieren, in welchen Situationen er eindeutig Kompetenzen gezeigt und die Erfahrung gemacht hat: „Ich kann etwas – und ich möchte immer besser werden!" Dieser „andere" Erfahrungsraum kann ein anderes Fach sein, ein ehrenamtliches Engagement oder die Aktivität in einer – außerschulischen – Gruppe. Wenn es gelingt, diesem Schüler eine Entwicklungsperspektive aufzuzeigen, seine passive Grundhaltung zu verlassen, neue Handlungskompetenzen zu entwickeln und ihm die Erfahrung zu vermitteln, dass er tatsächlich seine Situation – langsam und beharrlich arbeitend – verändern kann, dann werden sich seine Handlungsmuster und die Grundhaltung seines Handelns verändern. D. Wahl beschreibt

Kunz/Rauch/Schneider: Schülergespräch und Lernberatung – Das Praxisbuch
© Auer Verlag – AAP Lehrerfachverlage GmbH, Donauwörth

diesen Prozess als Wirkungsweise des „Pädagogischen Doppeldeckers“ (Abb. 7), in dem erst in der Wechselwirkung von Erfahrung und Reflexion die subjektiven Theorien und damit auch die Handlungsmuster sukzessive verändert werden.

Was das Handeln eines Menschen bestimmt (nach K. Grawe):
Das Handeln jedes Menschen ist bestimmt von folgenden basalen Absichten:
A) **„Ich kann etwas bewirken!“** „Ich bin tatkräftig. Ich erfahre mich als wirksam.“ (nicht: „Ich bin zu nichts nütze!“)
B) **„Ich möchte Spaß/Lust erfahren** und Frust/Unlust vermeiden!“
C) **„Ich möchte immer mehr können** und immer mehr geachtet sein!“ („Ich möchte meinen Selbstwert erhöhen.“)
D) **„Ich möchte von einer Gruppe/einer Person angenommen und akzeptiert sein!“** (Wunsch nach Bindung/Geborgenheit)
Was Kinder wollen (Manske 1988):
▷ Die Kinder wollen nicht still sein, sondern reden.
▷ Sie wollen nicht sitzen, sondern aktiv sein.
▷ Sie wollen keine Monologe, sie wollen Dialoge.
▷ Sie wollen nicht gelobt werden, sondern Anerkennung.
▷ Sie wollen nicht getadelt werden, sondern Kritik.
▷ Sie wollen nicht mit der Hand oder mit dem Kopf arbeiten, sondern mit Hand und Kopf.

Tab. 4: Was das Handeln eines Menschen bestimmt

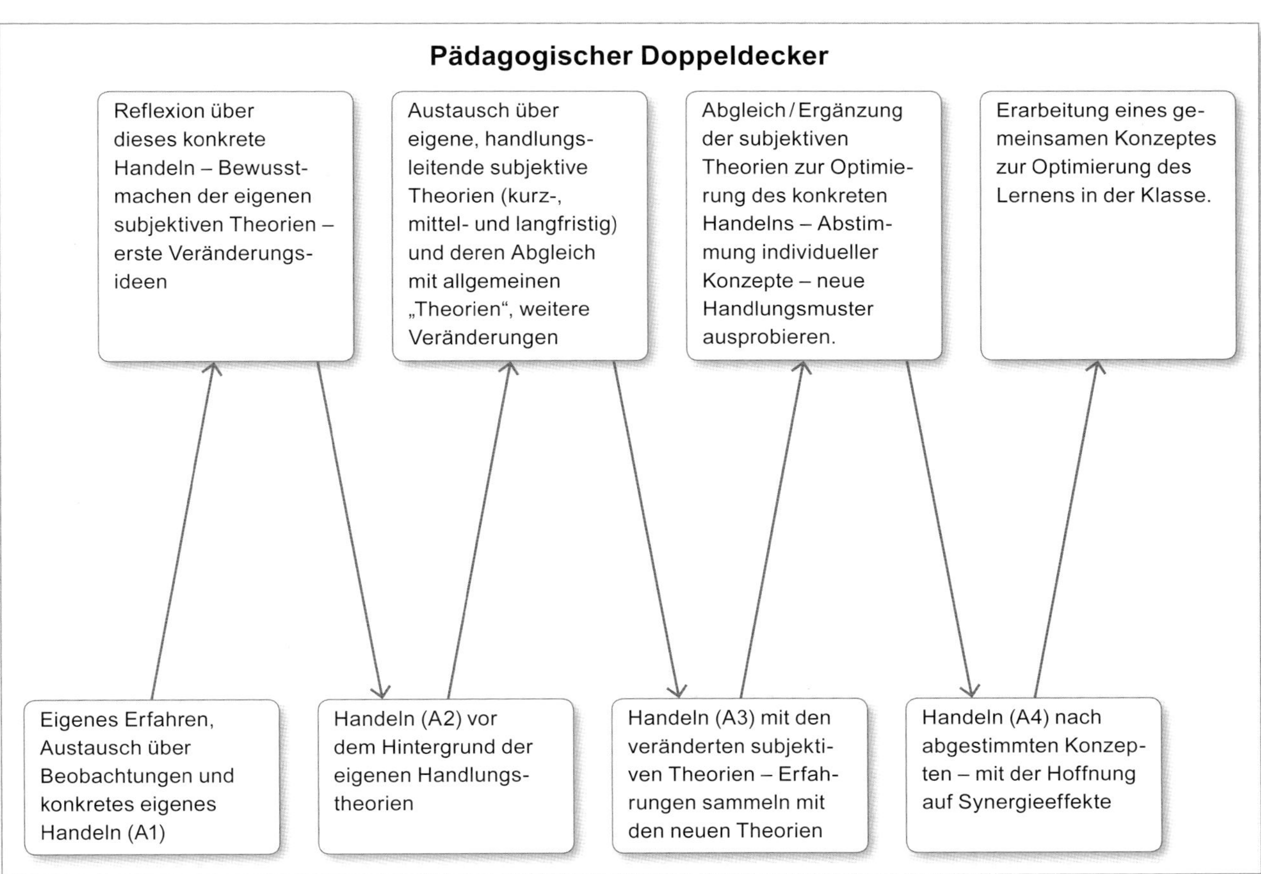

Abb. 7: Pädagogischer Doppeldecker

Kunz/Rauch/Schneider: Schülergespräch und Lernberatung – Das Praxisbuch
© Auer Verlag – AAP Lehrerfachverlage GmbH, Donauwörth

Denn erst durch den bewusst wahrgenommenen positiven Effekt eines veränderten Verhaltens entsteht die Überzeugung, dass sich dieser Einsatz lohnt. Damit wird gleichzeitig auch ein wichtiger Beitrag zur Entwicklung eines positiven Selbstbewusstseins geleistet, wie in Abb. 8 schematisch dargestellt. Wer nicht daran glaubt, dass er etwas gut kann, wird sich nichts zutrauen – schon gar nicht ein „Neues Verhaltensmuster". Wer dies aber erfahren hat, wagt es, Neues auszuprobieren. Er merkt dann, dass es in vielen Situationen mehrere Handlungsmöglichkeiten gibt, findet Gefallen daran, aus der Vielfalt auszuwählen, und gewinnt so das Vertrauen in sich: „Ich kann in vielen Situationen angemessen und erfolgreich handeln". Die Bedeutung dieser emotionalen Aspekte für die Selbstorganisation und das Selbstbewusstsein sollte man nicht unterschätzen (vgl. Molnar/Lindquist 2006).

Emotionalität der Selbstwirksamkeit			**Ich-Stärke entwickelt sich**	
		Vorhandene Vielfalt selbst strukturieren/ gestalten		Ermöglichungsdidaktik: Gelegenheiten arrangieren
	Selbsttätige Aneignung intensivieren			
Selbstwirksamkeit spüren können				

In Anlehnung an: Rolf Arnold: Überlegungen zu Emotion und Narration im Kontext des Lernens mit „Neuen Medien", in: Hans Giessen (Hrsg.): Emotionale Intelligen in der Schule", Beltz Verlag 2009

Abb. 8: Implizierte Emotionalität der Selbstorganisation

☐ WENN BERATUNG NICHTS BEWIRKT, WEIL EINER „NICHT LERNEN WILL"

Immer wieder ergeben sich Gesprächssituationen, in denen der Handlungs- bzw. Veränderungsbedarf für den Lehrer klar auf der Hand liegt, aber man den Eindruck gewinnt, dass dies von der Seite des Schülers in keiner Weise so gesehen wird. Solche Beobachtungen liegen auch von anderen beratenden Berufen vor, – die dafür vier verschiedene Situationstypen gefunden haben:

Eine Person, die – von außen betrachtet – „Lernbedarf" hat, lernt offensichtlich nichts. Dies könnte folgende Ursachen haben:

a) **Sie kann nicht** ihr Verhalten verändern, z. B. wegen körperlicher Behinderung oder fehlender Sensibilität.

b) **Sie weiß nicht,** wie sie ihr Verhalten verändern könnte. (Beispiel 2b, 2c)

c) **Sie darf nicht** ihr Verhalten verändern, z. B. wegen gruppeninterner Regeln.
Beispiel: Eine Lehrkraft stellt fest, dass sich in einer Klasse 8 niemand mehr von sich aus im Unterricht zu Wort meldet, auch die „guten und willigen" Schüler nicht. Ein Gespräch mit wenigen Schülern über die Unterrichtssituation bringt zu Tage, dass es nach Meinung einiger Wortführer „uncool sei", sich zu Wort zu melden. So sind auch interessierte Schüler in der schwierigen Lage, sich entweder als „uncool" oder gar als „Streber" zu outen oder sich trotz Interesse und Wissen stumm zu verhalten.

d) **Sie will nicht** ihr Verhalten verändern, denn sie sieht darin keinen Vorteil.
Beispiel 3a

Je nach „innerer Situation" eines Schülers muss die Intention einer Beratung unterschiedlich sein.

Zu d) Einem Schüler Vorschläge zu einem veränderten Verhalten zu machen, wenn er keinen Vorteil in einer Verhaltensänderung sieht, wird zu keinem Erfolg führen. Denn nach dem Transtheoretischen Stadienmodell der Verhaltensänderung (Prochaska, DiClemente, Velicer 1994) befindet sich dieser Schüler im Studium der Absichtslosigkeit und wird deshalb jeden Vorschlag als „Belästigung" in seinem Alltagsverhalten ansehen.

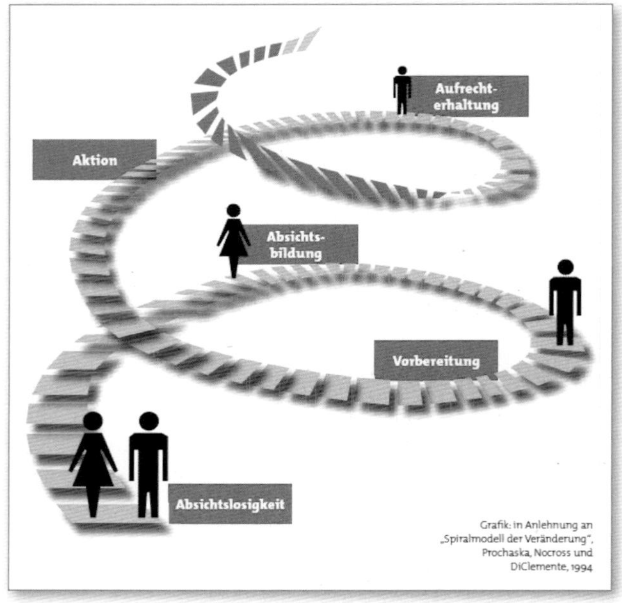

Abb. 9: Die Stadien der Verhaltensänderung (aus: Ginko-Landeskoordinierungsstelle Suchtvorbeugung NRW, S. 7)

Erst wenn es gelingt, seinen Blick auf die Situation zu erweitern und dann auch mittel- und längerfristige (negative) Effekte seiner Strategie wahrzunehmen, dann wird er auch in einem geänderten Verhalten einen Vorteil sehen. Aus der Wahrnehmung eines „Problems" kann eine gewisse Frustration entstehen, die zu einer Suche nach Optimierungen führt. Aus der Wahrnehmung, „dass nicht alles optimal läuft" und damit die bisherige Überzeugung leicht eingeschränkt wird, entsteht die positive Absicht, Optimierungen zu finden. Diese Sichtweise kann umdefiniert werden als Chance zu weitergehenden positiven Veränderungen, die den starken Wunsch nach einer deutlichen Verbesserung entstehen lassen. Dilts bezeichnet dies als die Entwicklung einer Verkettung von Glaubenssätzen, wie in der Abb. 10 dargestellt.

Kunz/Rauch/Schneider: Schülergespräch und Lernberatung – Das Praxisbuch
© Auer Verlag – AAP Lehrerfachverlage GmbH, Donauwörth

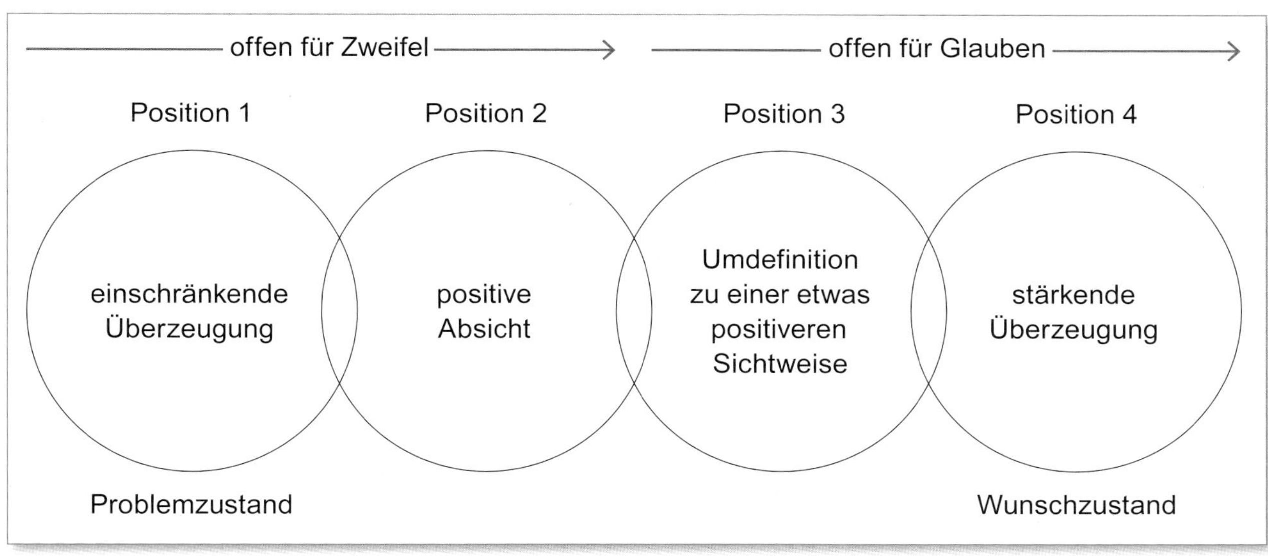

Abb. 10: Grundpositionen für die Entwicklung einer Verkettung von Glaubenssätzen bzw. Überzeugungen (aus R. Dilts, Magie der Sprache, S. 155)

Zu c) Die „willigen" Schüler dieser Situation haben zwar ein Interesse an ihrer Mitarbeit, sehen sich aber einem hohen Gruppendruck ausgesetzt. Sie allein werden diesen Druck nicht auflösen können und benötigen daher die Mitarbeit der Lehrkraft. Indem diese die offensichtlichen Vorgänge zum Thema macht, können diese in der Klasse besprochen, deren Vor- und Nachteile abgewogen und gemeinsame Vereinbarungen zum Umgang damit getroffen werden. Damit wird für die interessierten Schüler der nötige Freiraum geschaffen – und in den „coolen" Schülern kann ein Prozess der Reflexion angestoßen werden.

Mit diesen beiden Beispielen sollte verdeutlich werden, wie wichtig es ist, zu verstehen, an welcher Stelle des Veränderungsprozesses ein zu beratender Schüler steht.

Abb. 11: Aus Schulz von Thun, Friedemann: Miteinander reden 1. Störungen und Klärungen. Hamburg 1993. S. 48.

4.2 NÜTZLICHE KOMMUNIKATIVE KOMPETENZEN DER LEHRKRAFT

☐ MIT VIER OHREN HÖREN

Viele Gespräche mit Schülern enden schon, bevor sie richtig begonnen haben: „Sie nehmen mich nie dran, da kann ich ja keine gute Note bekommen und die Versetzung schaffen". Wenn Sie sich als Lehrkraft jetzt angegriffen fühlen und entsprechend antworten, haben Sie wenig Chancen, ein erfolgreiches Gespräch zu führen. Als in Gesprächen erfahrene Lehrkraft werden Sie die verbalen Angriffe ignorieren und je nach Situation einen der Teilaspekte dieser Nachricht auswählen, um damit in das Gespräch einzusteigen. Denn jede Nachricht enthält – nach Schulz von Thun – vier Aspekte: den Sachaspekt, den Beziehungsaspekt, den Appell-Aspekt und den Selbstoffenbarungsaspekt (vgl. Abb 11, 12).

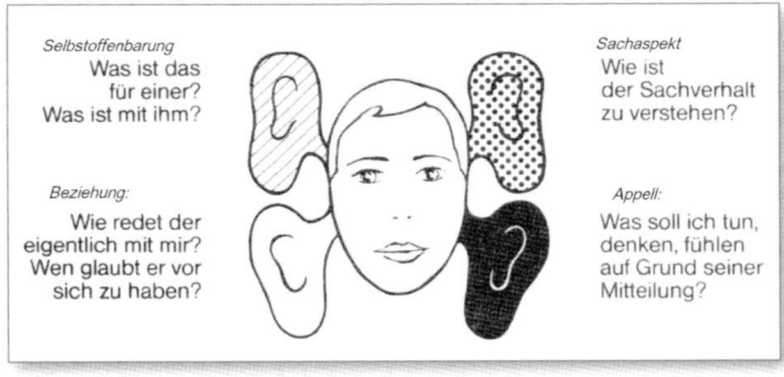

Abb. 12: Aus: Schulz von Thun, Friedemann: Miteinander reden 1. Störungen und Klärungen. Hamburg 1993. S. 45.

Wenn Sie im o. g. Beispiel mit dem „Beziehungsohr" hören, verstehen Sie diese Äußerung als „falsche, verleumderische Behauptung", als einen Angriff auf Ihre Bemühungen um gerechte Noten, angemessene Berücksichtigung jedes Schülers … usw.

Hören Sie diese Äußerung hingegen mit dem „Selbstoffenbahrungsohr", dann nehmen Sie wahr, dass der Schüler mit seiner Situation in der Klasse und seinen

Kunz/Rauch/Schneider: Schülergespräch und Lernberatung – Das Praxisbuch
© Auer Verlag – AAP Lehrerfachverlage GmbH, Donauwörth

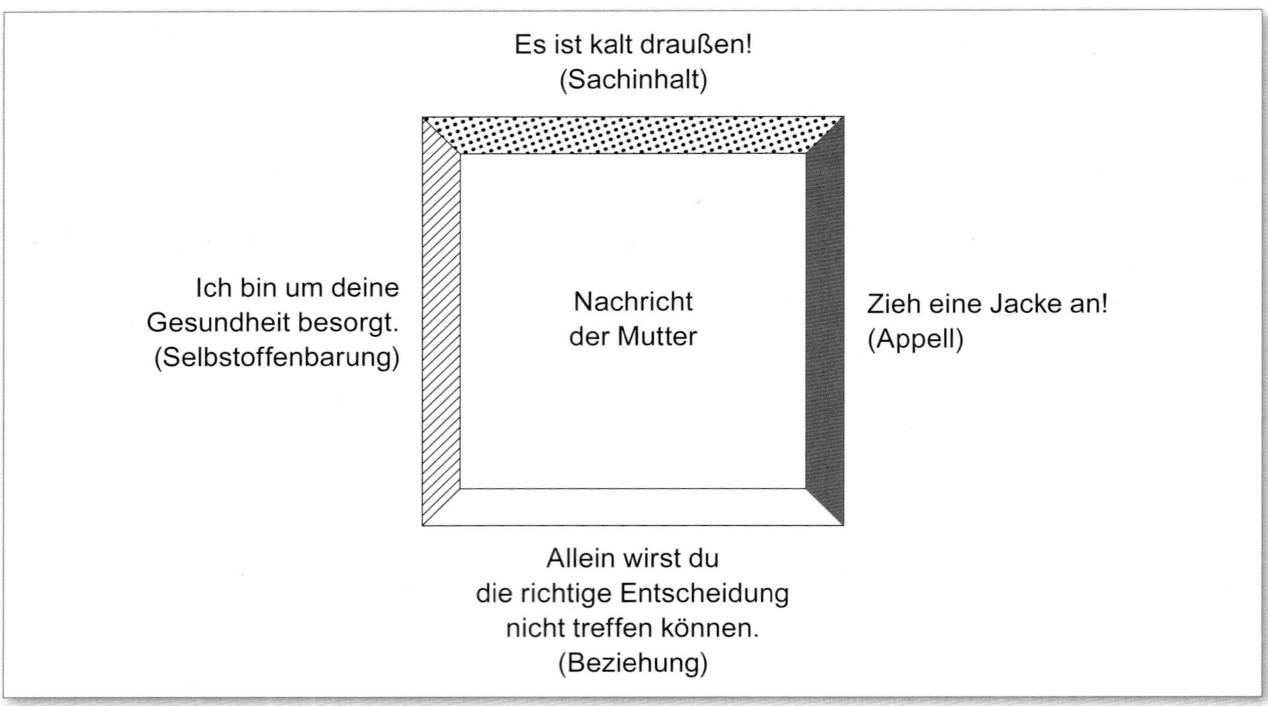

Abb. 13: Aus: Schulz von Thun, Friedemann: Miteinander reden 1. Störungen und Klärungen. Hamburg 1993. S. 50.

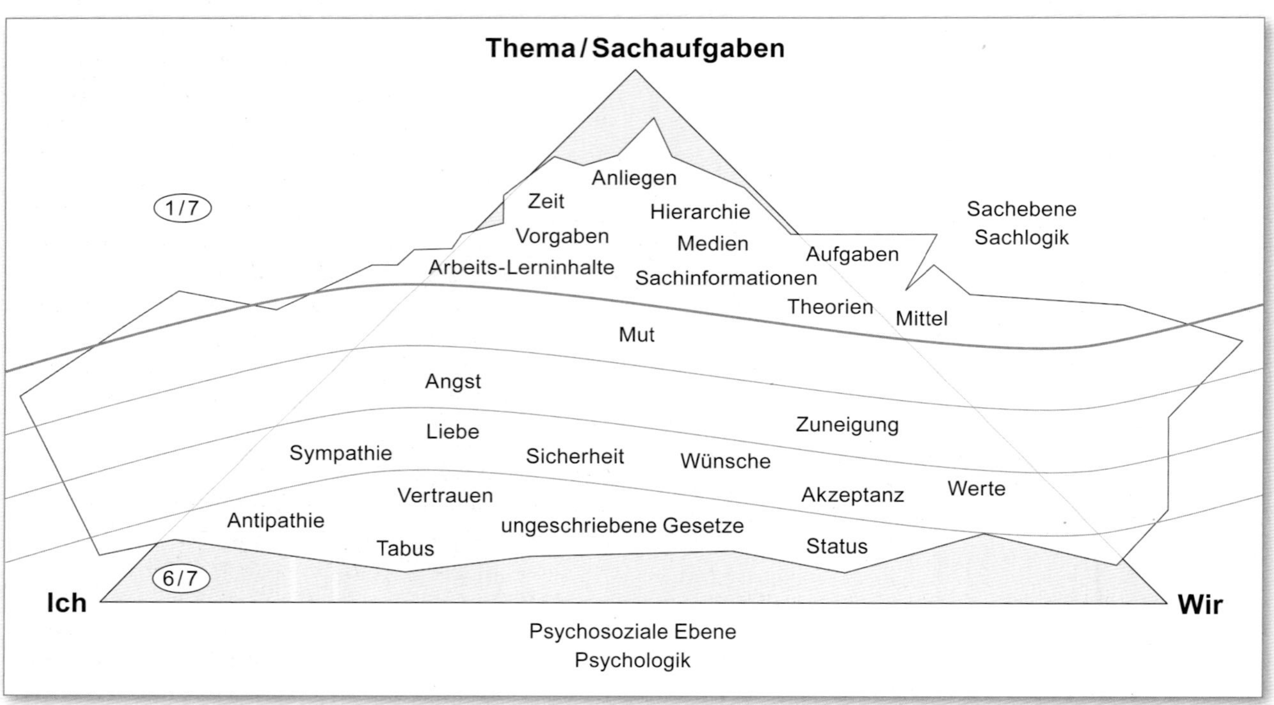

Abb. 14: Eisberg der Kommunikation (Miller, R, 2001: S. 107)

Leistungen unzufrieden ist und er nach Wegen sucht, diese seine Situation zu verändern. Dies ist ein guter Ansatz für die weitere Arbeit im Gespräch, und es erweist sich als eine gute Strategie, zunächst diesen Aspekt aufzugreifen und die anderen Aspekte vorläufig zu ignorieren.

Indem Sie – je nach Situation – jenen Aspekt der Nachricht an erster Stelle aufgreifen, mit dem Sie am Besten in Kontakt zum Gesprächspartner kommen, schaffen Sie sich einen Zugang zu einem Gespräch, in dem auch, wenn nötig, zu einem späteren Zeitpunkt die anderen Aspekte mit bearbeitet werden können.

Der zunächst etwas rätselhafte Satz von Watzlawick: „Die Bedeutung der Botschaft bestimmt der Empfänger", ist eine Chance für Sie als Empfänger, durch die Auswahl von für Sie geeigneten Gesprächsaspekten Ihre Handlungskompetenz auch in schwierigen Gesprächen zu behalten. Diese für viele ungewöhnliche

Kunz/Rauch/Schneider: Schülergespräch und Lernberatung – Das Praxisbuch
© Auer Verlag – AAP Lehrerfachverlage GmbH, Donauwörth

Herangehensweise an „erste Äußerungen" von Schülern in einem Gespräch ist sehr hilfreich und verhindert eine emotionale Blockade (Übungen dazu in Übung 4.2, S. 69).

Die Fähigkeit, gezielt einen Teilaspekt einer Nachricht „herauszuhören", ist noch aus einem anderen Grund sehr hilfreich. Die Erfahrung der beratenden Berufe zeigt, dass es sehr leicht fällt, sich über Sachfragen auszutauschen. Es ist aber sehr viel schwerer, Fragen aus dem Bereich von Beziehung und Gefühlen anzusprechen. Man spricht deshalb vom „Eisberg der Kommunikation" (Abb. 14).

Mit dem Bild des Eisberges soll verdeutlicht werden, dass viele für Menschen wichtige Fragen in einem Gespräch nicht unmittelbar „offen liegen" und deshalb manche, gerade auch unsichere Menschen, sich nicht getrauen, entsprechende Punkte anzusprechen (z. B: „Irgendwie habe ich den Eindruck, Sie übersehen mich immer im Unterricht – oder Sie haben etwas gegen mich"). Wenn Sie solche „unterschwelligen Botschaften" heraushören und dann damit verbundene Fragen klären können, haben Sie eine gute Chance, einen echten Kontakt zum Gesprächspartner herzustellen und auch sachliche Fragen zu klären. Wenn Ihnen dies nicht gelingt, dann besteht die Gefahr, dass scheinbar über Sachfragen diskutiert wird, aber nie eine Lösung gefunden werden kann, weil z. B. der Gesprächspartner sich nicht sicher ist, ob die vorgeschlagene Lösung für beide Seiten eine faire Lösung ist.

□ AKTIVES ZUHÖREN, REFLEKTIEREN

Jedes erfolgreiche Gespräch setzt voraus, dass die Lehrkraft einen guten Kontakt im Gespräch aktuell hergestellt hat oder schon früher herstellen konnte und jetzt nur noch einmal darauf Bezug nimmt (vgl. Gesprächsleitfaden, S. 33/34, Tab. 6/7) Ein guter Kontakt entsteht bei der Erfahrung von „angehört werden" „verstanden und angenommen werden", erkennbar in einer wechselseitigen wertschätzenden Beziehung der Partner zueinander, bei aller (Rollen-)Verschiedenheit.

Um dieses „Ich höre dir zu" sehr intensiv erfahrbar und deutlich werden zu lassen, ist es hilfreich, „aktiv" zuzuhören, um z. B. durch zustimmende Äußerungen wie „ja", „ja wirklich", „tatsächlich", ö. Ä. intensives Zuhören zu signalisieren.

Auch „Reflektieren" wird als sorgfältiges Zuhören wahrgenommen: Indem Sie wichtige Aspekte mit eigenen Worten kurz wiederholen und dabei den einen oder anderen Aspekt (Beziehung, Selbstoffenbarung, Appell) betonen, erfahren Sie genauer, welcher Aspekt der Botschaft dem Sprecher jetzt besonders wichtig ist.

Ich möchte dich/Sie als meinen Gesprächspartner verstehen und werde deshalb deine/Ihre Sicht der Dinge zunächst als deine/Ihre subjektive Sicht ernst nehmen!

Ich möchte die „Gehirnlandkarte" meines Gegenübers (ohne Bewertung) wertschätzend erforschen! (Nicht: Ich will ihm seine Fehler, Irrtümer, Dummheiten verdeutlichen!) (Übungen hierzu: 4.3)

Mit der interessierten Erforschung der Gehirnlandkarte meines Gesprächspartners erfahre ich in der Regel noch viele weitere wichtige Aspekte, die mir das Handeln meines Gegenübers verständlich machen. Damit ergeben sich vielfach schon erste Hinweise auf gemeinsame Intentionen und Chancen für Verbesserungen/Veränderungen.

□ MIT VIER ZUNGEN SPRECHEN UND EIN VERHALTEN IN EINEN NEUEN RAHMEN SETZEN (REFRAIMING)

Es kann sehr schwierig sein, mit eher schüchternen und wortkargen Schülern in ein gutes Kontaktgespräch zu kommen (vgl. Gesprächsleitfaden 5.1, S. 33/34, Tab. 6/7). Hier erweist es sich als sehr vorteilhaft, wenn Sie besonders die ersten Äußerungen oder auch früheren Anmerkungen mit dem „Selbstoffenbarungsohr" zur Kenntnis genommen haben. Dann können Sie daran anknüpfen und durch entsprechende Formulierungen signalisieren, dass Sie ein Interesse an einer guten Beziehung zum Schüler haben (Sprechen mit der „Beziehungszunge" oder „Selbstoffenbahrungszunge"). Ferner können Sie viele Gespräche ermöglichen, wenn Sie aus dem Blickwinkel des jeweiligen Schülers mögliche Befürchtungen und Ängste zur Sprache bringen („Vielleicht befürchtest du, dass …") und wenn möglich entkräften können. Denn gerade sehr unsichere Schüler haben oft sehr unrealistische Ängste, die bei genauerer Betrachtung keine Grundlagen haben. Solange aber solche subjektiv empfundenen Drohkulissen im Raum stehen, können sie nicht offen und entspannt nachdenken – und reden (Beispiele: Situationen 1 und 3a).

Besonders schwerfällt vielen Lehrkräften die Kontaktaufnahme mit Schülern, deren Verhalten im Unterricht sie unmöglich und rücksichtslos finden. Wie soll man in einem solchen Fall dem Schüler Ängste nehmen und sogar – mit positiven Gedanken – entgegenkommen? Wie soll man in einem solchen Fall einen positiven Ansatzpunkt für Veränderungsprozesse finden?

Jeder Schüler ist der Ansicht, dass sein Verhalten in der Schule im Prinzip seinen Sinn hat, auch wenn es für uns als Lehrkräfte manchmal kaum unmittelbar einsehbar ist. Dabei hängt dies vor allem davon ab, in welchem Rahmen man das jeweilige Verhalten sieht.

Das Verhalten der Schülerin im Beispiel 3a – im Unterricht viel zu „quatschen" und sich nicht für den Stoff zu interessieren – ist im Kontext der Lehrersicht sinnlos. Setzt man dieses Verhalten jedoch in den „neuen Rahmen" der Sicht der Schülerin (Schule ist für mich der soziale Treffpunkt), so wird dies zu

Kunz/Rauch/Schneider: Schülergespräch und Lernberatung – Das Praxisbuch
© Auer Verlag – AAP Lehrerfachverlage GmbH, Donauwörth

einem wichtigen und richtigen Verhaltensmuster zur Sicherung der sozialen Anerkennung. Dieses „Refraiming" ist ein wichtiges Hilfsmittel, um Schüler besser zu verstehen, manche als „störend" empfundenen Verhaltensmuster als sinnvoll aus der Sicht des Schülers zu interpretieren und dies im Gespräch als solches auch zu beschreiben und zu benennen. (zum weiteren Vorgehen vgl. Gesprächsleitfaden Konflikt-/Beratungsgespräch). Denn zu manchen Schülern werden Sie nur einen tragfähigen Kontakt herstellen können, wenn Sie zumindest einige positive Verhaltensaspekte beim Schüler wertschätzend zur Kenntnis nehmen können (vgl. Konflikt-/Beratungsgespräche).

Mit etwas Übung lassen sich viele für Sie als Lehrkraft problematische Verhaltensmuster von Schülern in einen positiven Kontext setzen. Manches mag Ihnen am Anfang reichlich absurd erscheinen – je mehr man sich aber damit beschäftigt, desto mehr wird deutlich, wie sehr diese Sichtweise für ein Gespräch hilfreich und notwendig sein kann (vgl. Übung 4.4.). Denn sie enthält möglicherweise einiges von der Sichtweise des Schülers, erleichtert es damit, „sich in den Schüler hineinzuversetzen", und ermöglicht damit Empathie und Verständnis.

Bei diesem Prozess des Umdenkens kann Ihnen Peter Ustinov eine Hilfe sein:

In Peter Ustinovs europäischem **Himmel** sind	In Peter Ustinovs europäischer **Hölle** sind
▷ die Engländer die Polizisten,	▷ die Deutschen die Polizisten,
▷ die Deutschen die Mechaniker,	▷ die Franzosen die Mechaniker,
▷ die Italiener die Köche,	▷ die Engländer die Köche,
▷ die Franzosen die Liebhaber,	▷ die Schweizer die Liebhaber,
▷ die Schweizer die Organisatoren.	▷ die Italiener die Organisatoren.

Vielleicht haben Sie sich im Rahmen der Refraiming-Übungen gefragt: „Bin ich hier nicht total unehrlich und damit nicht mehr authentisch? Schade ich damit nicht massiv meiner Glaubwürdigkeit?" Tatsächlich sind Sie gerade in schwierigen Situationen zu einer Gratwanderung gezwungen (Beispiel 4). Schleudern Sie Alex Ihre Sicht der Dinge, „die Wahrheit", wie einen nassen Putzlappen ins Gesicht, wird kein Gespräch zustande kommen und eine Eskalation ist vorprogrammiert. Steigen Sie in das Gespräch mit Manuela mit – im Prinzip durchaus berechtigten – Vorwürfen ein, werden Sie von ihr als Gesprächspartner nicht angenommen werden und Sie sind als „Handelnder" wirkungslos. Für solche Situationen hat Ruth Cohn die dabei notwendige Gratwanderung als „selektive Authentizität" beschrieben: „Alles, was ich sage, soll wahr sein, aber nicht alles, was wahr ist, muss ich sagen." In diesem Sinne können Sie Manuela glaubwürdig mitteilen, dass Sie entsetzt sind über den Vertrauensbruch von Alex – über die Kurzsichtigkeit ihres Handelns sagen Sie – jetzt – nichts.

☐ PRINZIPIEN DER „GEWALTFREIEN KOMMUNIKATION"

Alle Gespräche mit Schülern haben ihren Ausgangspunkt in der Beobachtung der Lehrkraft, dass etwas im Verhalten und in der Entwicklung eines Schülers nicht so ist, wie man sich dies vorstellt oder wünscht. Dies könnte dazu verleiten, mit einer deutlich vorgetragenen Kritik an den Schüler heranzutreten und ihn zu einem Gespräch aufzufordern. Dies wäre sicher keine gute Gesprächseinladung und kein besonders geglückter Einstieg in ein Gespräch. Da aber dennoch am Anfang oder auch im Verlauf des Gespräches immer wieder auch Aspekte geklärt werden müssen, die als Kritik empfunden werden können bzw. müssen, stellt sich die Frage, wie solche Informationen angemessen präsentiert werden können.

Das Konzept der „Gewaltfreien Kommunikation" nach M. B. Rosenberg bietet dazu Anregungen. Danach ist eine „Mitteilung" an einen anderen dann ohne aggressive Wirkung auf den Adressaten, wenn sie (nur) folgende Botschaften übermittelt:

1. Was sehe ich, was höre ich?
   Beschreibung der Situation ohne Bewertung – in „Ich-Botschaften".
2. Welches Gefühl habe ich dabei (beschreibend)?
   (Statt : Wie deute ich dieses Gefühl? Wer ist dafür verantwortlich? ...)
3. Bedürfnisse – was brauche ich (beschreibend/erläuternd)?
   (Statt: Strategien – wie erfülle ich mir dieses Bedürfnis?)
4. Bitte – Könntest du bitte in Zukunft ...
   (Statt: Ich fordere von dir ..., sonst ...)

Beispiel: In Situation 3a könnte eine untaugliche Gesprächseröffnung lauten:

> „Deine Leistungen sind in folgenden Fächern mangelhaft ... und deine Versetzung ist massiv gefährdet – was mich bei deinem Engagement in meinem Unterricht auch nicht wundert".

Diese Mitteilung müsste im Sinne der gewaltfreien Kommunikation anders lauten, vielleicht so:

> „Ich finde es sehr gut, dass du mit dieser Frage zu mir kommst. Denn nach der letzten Stunde habe ich mich gefragt, wie ich deine mündlichen Leistungen im Fach xy bewerten soll. Ich finde es sehr schade, wenn jemand nach meiner Einschätzung unter seinen Möglichkeiten bleibt und deshalb

Kunz/Rauch/Schneider: Schülergespräch und Lernberatung – Das Praxisbuch
© Auer Verlag – AAP Lehrerfachverlage GmbH, Donauwörth

können, wenn du dies möchtest.“

vielleicht die Versetzung daran scheitert. Ich würde dich gerne bei deinen Anstrengungen unterstützen, habe aber keine rechte Vorstellung davon, wie es für dich angemessen wäre. Deshalb finde ich deine Anregung zum Gespräch gut und möchte ich dich bitten, mir deine Sicht der Dinge zu erläutern, damit wir dann gemeinsam weitere Schritte überlegen können, wenn du dies möchtest.“

Da gerade die Gesprächseinladung und die Eröffnungssätze Schlüsselmomente für den weiteren Verlauf eines Gespräches sind, finden Sie in der Übung 4.5, S. 72 einige „Eröffnungssätze“, die sie in eine „gewaltfreie Version“ umformulieren können.

□ „VERFLÜSSIGEN“ VON FESTGEFAHRENEN DENKSTRUKTUREN

Immer wieder begegnen uns in Schülergesprächen Situationen, in denen das Gespräch auf der Stelle tritt, weil der Schüler überzeugt ist, dass er „nie“ dran genommen wird und „immer“ ungerecht behandelt wird, ihn „keiner“ der Lehrer leiden kann und „niemand“ in der Klasse ihn mag …

Wenn man sich in solchen Situationen mit dem Schüler darüber argumentativ auseinandersetzen will, dass es nicht ganz so sei, dann könnte dies im Konflikt enden, wer denn jetzt mit seiner Beschreibung Recht habe.
Als erfolgreicher hat sich die Strategie erwiesen, zunächst diese Sicht als jeweils persönliche Wahrnehmung anzunehmen und dann in einem weiterführenden Gespräch in parallelen Erlebnissituationen (räumlich, zeitlich, inhaltlich …) differenziert nachzufragen. Intention dabei ist, abseits der akuten „Problemsituation“ auf solche Erfahrungen hinzuweisen, die der vorgefassten Meinung/Erfahrung entgegen stehen. Denn in aller Regel lassen sich positive Ausnahmen finden, die es festzuhalten gilt, um den Blickwinkel zu verändern in: „Wo gibt es positive Ausnahmen von der negativen Regel für mich?“ Denn mit einem so veränderten Blick auf die Situationen ist es leichter, Ansatzpunkte für Veränderung zu finden – und das Gespräch kann konstruktiv fortgesetzt werden.
In der Tabelle 5 werden einige mögliche Fragen genannt, mit denen feste Standpunkte verflüssigt werden können. Diese Fragen lassen sich mit etwas Übung auf viele andere Situationen übertragen. (vgl. KV 18, S. 86/87)

Veränderungen von Sichtweisen und Verhalten können unter anderem dadurch erreicht werden, dass statische und anscheinend unverrückbare Überzeugungen und Zuschreibungen umformuliert werden in relative Aussagen. Feste, polarisierende Positionen werden verflüssigt. Durch „Verflüssigen“ bekommt eine Zuschreibung eine relativierende und dynamische Komponente. Die folgenden Möglichkeiten des Verflüssigens zeigen, in welche Richtungen Fragen in einem Gespräch führen können:
Die zeitliche Perspektive:
„War das immer schon so?“
„Wie lange glaubst du/glauben Sie, wird es noch so bleiben?“
„Wie ist deine/Ihre Prognose?“
„Gilt das für alle Stunden?“
„Welche Unterschiede gibt es zwischen der ersten und letzten Stunde/zwischen montags und freitags?“
Unterschiede in der Frageformulierung: „Seit wann bist du so unkonzentriert?“ versus „Seit wann glaubst du, so unkonzentriert zu sein?“
Die räumliche Perspektive:
„Ist das auch zu Hause so?“
„Wie war das auf der Klassenfahrt?“
„Ist das überall so?“
„Gilt das für alle Fächer?“
„Wie war es auf der anderen Schule?“
„Wie ist es in der Freizeit (Fußballverein/Clique …)?“
Die Beziehungsperspektive:
„Sind in der Klasse noch mehr Kinder, die nicht …?“
„Wenn XY nicht da wäre, wer wäre dann …?“
„Wie verhält sich XY bei anderen Kollegen?“
„Mit wem kommt XY am besten zurecht? Was ist da anders …?“

Tab. 5: Das Verflüssigen von Eigenschaften: Nützliche Fragen für Gespräche

Kunz/Rauch/Schneider: Schülergespräch und Lernberatung – Das Praxisbuch
© Auer Verlag – AAP Lehrerfachverlage GmbH, Donauwörth

ÜBUNG 4.1

Das Arbeitsblatt hierzu finden Sie im Materialteil (**KV 03**, Seite 68) und auf der beigefügten CD.

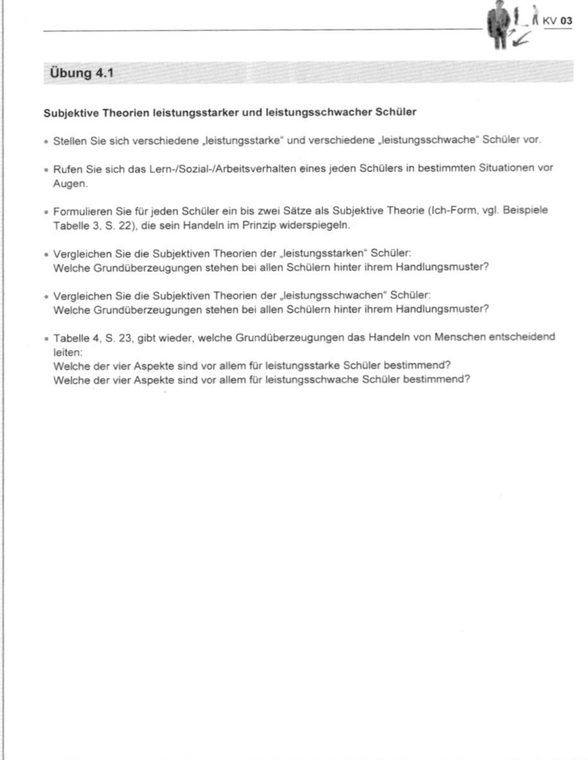

KV 03

Übung 4.1

Subjektive Theorien leistungsstarker und leistungsschwacher Schüler

- Stellen Sie sich verschiedene „leistungsstarke" und verschiedene „leistungsschwache" Schüler vor.
- Rufen Sie sich das Lern-/Sozial-/Arbeitsverhalten eines jeden Schülers in bestimmten Situationen vor Augen.
- Formulieren Sie für jeden Schüler ein bis zwei Sätze als Subjektive Theorie (Ich-Form, vgl. Beispiele Tabelle 3, S. 22), die sein Handeln im Prinzip widerspiegeln.
- Vergleichen Sie die Subjektiven Theorien der „leistungsstarken" Schüler:
  Welche Grundüberzeugungen stehen bei allen Schülern hinter ihrem Handlungsmuster?
- Vergleichen Sie die Subjektiven Theorien der „leistungsschwachen" Schüler:
  Welche Grundüberzeugungen stehen bei allen Schülern hinter ihrem Handlungsmuster?
- Tabelle 4, S. 23, gibt wieder, welche Grundüberzeugungen das Handeln von Menschen entscheidend leiten:
  Welche der vier Aspekte sind vor allem für leistungsstarke Schüler bestimmend?
  Welche der vier Aspekte sind vor allem für leistungsschwache Schüler bestimmend?

ÜBUNG 4.2

Das Arbeitsblatt sowie die Lösungen hierzu finden Sie im Materialteil (**KV 04** und **08**, Seite 69/73/74) und auf der beigefügten CD.

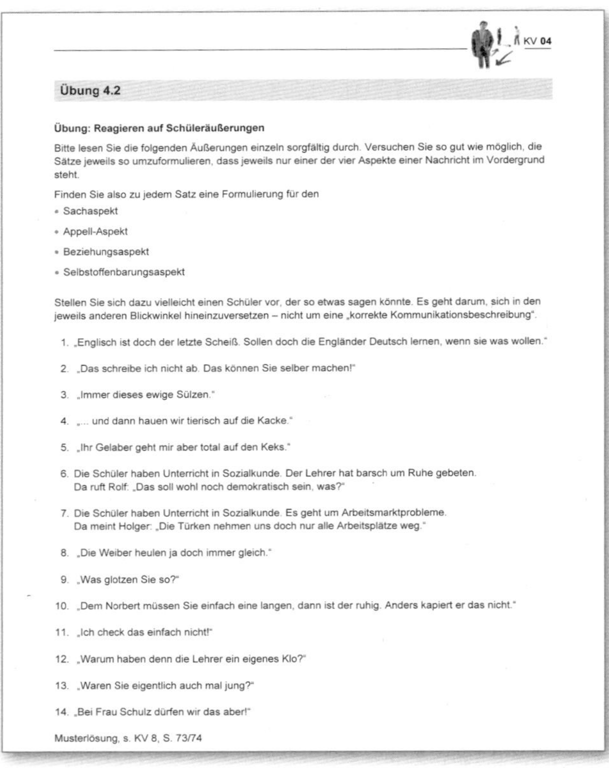

KV 04

Übung 4.2

Übung: Reagieren auf Schüleräußerungen

Bitte lesen Sie die folgenden Äußerungen einzeln sorgfältig durch. Versuchen Sie so gut wie möglich, die Sätze jeweils so umzuformulieren, dass jeweils nur einer der vier Aspekte einer Nachricht im Vordergrund steht.

Finden Sie also zu jedem Satz eine Formulierung für den

- Sachaspekt
- Appell-Aspekt
- Beziehungsaspekt
- Selbstoffenbarungsaspekt

Stellen Sie sich dazu vielleicht einen Schüler vor, der so etwas sagen könnte. Es geht darum, sich in den jeweils anderen Blickwinkel hineinzuversetzen – nicht um eine „korrekte Kommunikationsbeschreibung".

1. „Englisch ist doch der letzte Scheiß. Sollen doch die Engländer Deutsch lernen, wenn sie was wollen."
2. „Das schreibe ich nicht ab. Das können Sie selber machen!"
3. „Immer dieses ewige Sülzen."
4. „... und dann hauen wir tierisch auf die Kacke."
5. „Ihr Gelaber geht mir aber total auf den Keks."
6. Die Schüler haben Unterricht in Sozialkunde. Der Lehrer hat barsch um Ruhe gebeten.
   Da ruft Rolf: „Das soll wohl noch demokratisch sein, was?"
7. Die Schüler haben Unterricht in Sozialkunde. Es geht um Arbeitsmarktprobleme.
   Da meint Holger: „Die Türken nehmen uns doch nur alle Arbeitsplätze weg."
8. „Die Weiber heulen ja doch immer gleich."
9. „Was glotzen Sie so?"
10. „Dem Norbert müssen Sie einfach eine langen, dann ist der ruhig. Anders kapiert er das nicht."
11. „Ich check das einfach nicht!"
12. „Warum haben denn die Lehrer ein eigenes Klo?"
13. „Waren Sie eigentlich auch mal jung?"
14. „Bei Frau Schulz dürfen wir das aber!"

Musterlösung, s. KV 8, S. 73/74

ÜBUNG 4.3

Das Arbeitsblatt hierzu finden Sie im Materialteil (**KV 05**, Seite 70) und auf der beigefügten CD.

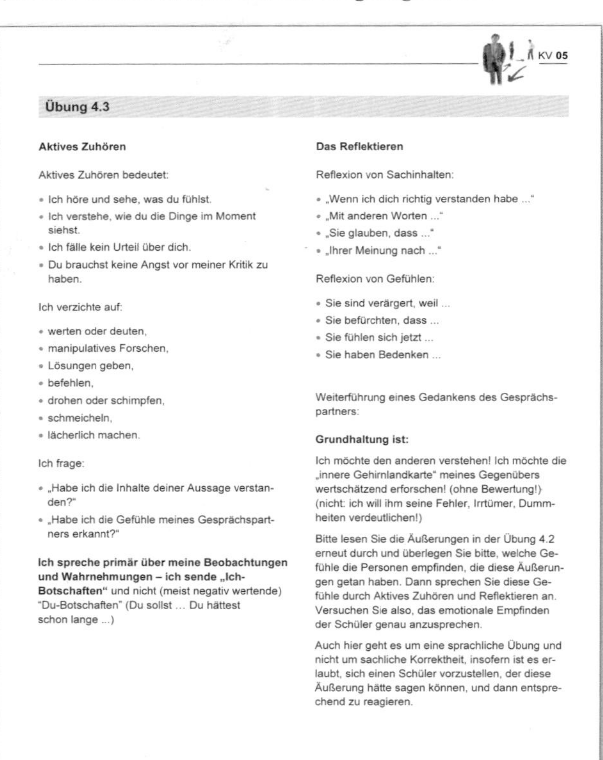

KV 05

Übung 4.3

Aktives Zuhören

Aktives Zuhören bedeutet:

- Ich höre und sehe, was du fühlst.
- Ich verstehe, wie du die Dinge im Moment siehst.
- Ich fälle kein Urteil über dich.
- Du brauchst keine Angst vor meiner Kritik zu haben.

Ich verzichte auf:

- werten oder deuten,
- manipulatives Forschen,
- Lösungen geben,
- befehlen,
- drohen oder schimpfen,
- schmeicheln,
- lächerlich machen.

Ich frage:

- „Habe ich die Inhalte deiner Aussage verstanden?"
- „Habe ich die Gefühle meines Gesprächspartners erkannt?"

Ich spreche primär über meine Beobachtungen und Wahrnehmungen – ich sende „Ich-Botschaften" und nicht (meist negativ wertende) "Du-Botschaften" (Du sollst ... Du hättest schon lange ...)

Das Reflektieren

Reflexion von Sachinhalten:

- „Wenn ich dich richtig verstanden habe ..."
- „Mit anderen Worten ..."
- „Sie glauben, dass ..."
- „Ihrer Meinung nach ..."

Reflexion von Gefühlen:

- Sie sind verärgert, weil ...
- Sie befürchten, dass ...
- Sie fühlen sich jetzt ...
- Sie haben Bedenken ...

Weiterführung eines Gedankens des Gesprächspartners:

Grundhaltung ist:

Ich möchte den anderen verstehen! Ich möchte die „innere Gehirnlandkarte" meines Gegenübers wertschätzend erforschen! (ohne Bewertung!) (nicht: ich will ihm seine Fehler, Irrtümer, Dummheiten verdeutlichen!)

Bitte lesen Sie die Äußerungen in der Übung 4.2 erneut durch und überlegen Sie bitte, welche Gefühle die Personen empfinden, die diese Äußerungen getan haben. Dann sprechen Sie diese Gefühle durch Aktives Zuhören und Reflektieren an. Versuchen Sie also, das emotionale Empfinden der Schüler genau anzusprechen.

Auch hier geht es um eine sprachliche Übung und nicht um sachliche Korrektheit, insofern ist es erlaubt, sich einen Schüler vorzustellen, der diese Äußerung hätte sagen können, und dann entsprechend zu reagieren.

ÜBUNG 4.4

Das Arbeitsblatt und Beispiellösungen hierzu finden Sie im Materialteil (**KV 06** und **09**, Seite 71/75/76) und auf der beigefügten CD.

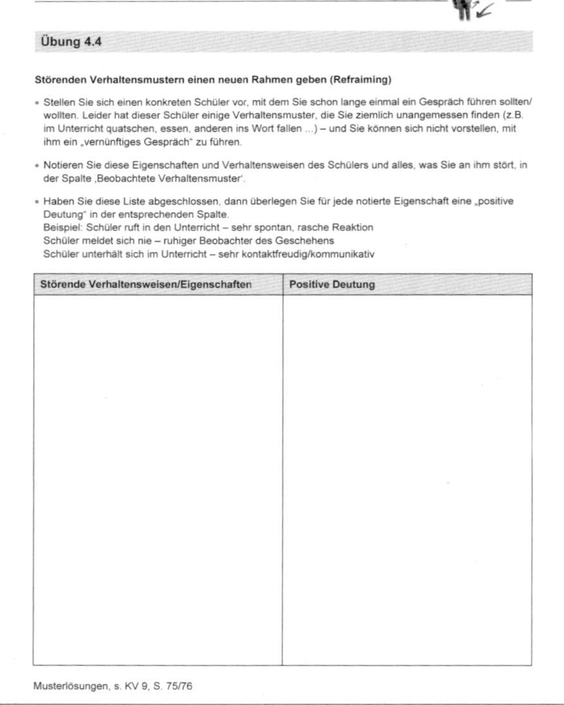

KV 06

Übung 4.4

Störenden Verhaltensmustern einen neuen Rahmen geben (Reframing)

- Stellen Sie sich einen konkreten Schüler vor, mit dem Sie schon lange einmal ein Gespräch führen sollten/wollten. Leider hat dieser Schüler einige Verhaltensmuster, die Sie ziemlich unangemessen finden (z.B. im Unterricht quatschen, essen, anderen ins Wort fallen ...) – und Sie können sich nicht vorstellen, mit ihm ein „vernünftiges Gespräch" zu führen.
- Notieren Sie diese Eigenschaften und Verhaltensweisen des Schülers und alles, was Sie an ihm stört, in der Spalte ‚Beobachtete Verhaltensmuster'.
- Haben Sie diese Liste abgeschlossen, dann überlegen Sie für jede notierte Eigenschaft eine „positive Deutung" in der entsprechenden Spalte.
  Beispiel: Schüler ruft in den Unterricht – sehr spontan, rasche Reaktion
  Schüler meldet sich nie – ruhiger Beobachter des Geschehens
  Schüler unterhält sich im Unterricht – sehr kontaktfreudig/kommunikativ

Störende Verhaltensweisen/Eigenschaften	Positive Deutung

Musterlösungen, s. KV 9, S. 75/76

Kunz/Rauch/Schneider: Schülergespräch und Lernberatung – Das Praxisbuch
© Auer Verlag – AAP Lehrerfachverlage GmbH, Donauwörth

ÜBUNG 4.5

Das Arbeitsblatt und Beispiellösungen hierzu finden Sie im Materialteil (**KV 07** und **11**, Seite 72/77) und auf der beigefügten CD.

KV **07**

Übung 4.5

Botschaften

- Lesen Sie jede der unten genannten „Gesprächseinladungen“ und fragen Sie sich, welche Botschaften damit dem Schüler übermittelt werden und welche Gefühle damit im Schüler hervorgerufen werden.
- Versuchen Sie, diese problematischen Einstiegsformulierungen im Sinne der gewaltfeien Kommunikation neu zu formulieren. Damit kann nicht eine „wörtliche Übersetzung“, sondern eher eine Übertragung gemeint sein.
- Vergleichen Sie die „Botschaften“ beider Formulierungen.

1. „Na, Sven, das war wohl nichts in der letzten Arbeit. Ich hatte nach den letzten Arbeiten gedacht, du hättest die Kurve gekriegt und es würde jetzt mit dir aufwärts gehen. Also, wir müssen mal darüber reden. So kann es nicht weitergehen, denke ich. Ich bin sicher, du kannst es besser.“
2. „Daniela, so kann es nicht weitergehen. Nach jeder Stunde kommst du zu mir nach vorne und beschwerst dich, ich würde dich zu wenig drannehmen. Ich muss auch die anderen sehen. Ich habe dich heute zwei Mal aufgerufen – und im übrigen habe ich dich schon oft ermahnt, nicht in die Klasse zu rufen. Das nervt mich total.“
3. „Also, Simon. Ich nehme dich sehr wohl dran, aber du meldest dich nicht so häufig. Aber wenn du möchtest, können wir gerne einmal darüber sprechen. Ich erkläre dir, wie die Note zustande kommt, und dann wirst du sehen, dass ich sehr bemüht bin, gerecht zu sein.“
4. „Ja, Ruth, der Leistungsabfall in den Noten nach der Krankheit ist ja wirklich sehr beträchtlich. Und jetzt willst du alles noch aufholen und dann den Sprung in die Oberstufe wagen? Da hast du dir ja viel vorgenommen. Da wäre ich mir nicht so sicher, ob das reibungslos klappt.“
5. „Manuela, ich bin fassungslos, wie du Alex dein Nacktfoto schicken konntest. Und wir sollen wieder alles retten! Wie konnte so etwas passieren?“
6. „Alex, Manuela hat uns berichtet, dass du das Nacktfoto von ihr ins Netz gestellt hast. Was hast du dir denn dabei gedacht? Wie kann man nur so etwas machen?“
7. „Richard, ich habe dich schon häufig ermahnt, nicht solche abwertenden Bemerkungen zu Äußerungen im Unterricht, insbesondere von Schülerinnen, zu machen. Das vergiftet die Atmosphäre in der Klasse und macht mich wütend. Das muss sich ändern – wir müssen darüber sprechen.“

Musterlösungen, s. KV 11, S. 77/78

Kunz/Rauch/Schneider: Schülergespräch und Lernberatung – Das Praxisbuch
© Auer Verlag – AAP Lehrerfachverlage GmbH, Donauwörth

5. DURCHFÜHRUNG VON GESPRÄCHEN *(Norbert Rauch)*

5.1 WICHTIGE STRUKTURELEMENTE VON GESPRÄCHEN

Zu Beginn eines Gespräches mit einem Schüler kann eine Lehrkraft sich nicht sicher sein, in welche Richtung sich dieses Gespräch entwickeln wird. Das Spektrum der möglichen Entwicklungslinien ist sehr weit, wie die Zusammenstellung in Kapitel 2 und 3 deutlich macht. Deshalb lohnt es sich, ein Raster eines Gesprächablaufes im Kopf zu haben, das die wichtigen Elemente eines Gespräches in ihrer Abfolge enthält – als Orientierungslinie. Je mehr es Ihnen gelingt, diese Abfolge im Prinzip einzuhalten, desto erfolgreicher werden Sie sein.

Diese wichtigen Strukturelemente sind (vgl. Abb. 15):

- Kontaktgespräch
- Klärungsgespräch
- Beratungs- oder Konfliktgespräch
- Abschlussgespräch mit Vereinbarungen

Wenn Sie – aus innerer Anspannung heraus oder von Ihrem Gesprächspartner genötigt – die wichtige Phase des Kontakt- und Klärungsgespräches überspringen, werden Sie wahrscheinlich nicht sehr erfolgreich sein. Viele Lehrkräfte haben – aus ihrer Situation heraus gedacht – schon einen Lösungsweg und deshalb einen Ratschlag bereit. Dieser muss aber für den jeweils anderen, der die Situation aus einem anderen Blickwinkel sieht, keineswegs eine überzeugende Lösung sein. Sofort besteht die Gefahr eines Konfliktes, bei dem nicht mehr die sachgerechte Lösung im Vordergrund steht, sondern das „Rechthaben".

Deshalb ist bei der Gesprächsplanung im weitesten Sinne daran zu denken, was dazu beitragen könnte dass …

- ▷ eine gute und konstruktive Gesprächsatmosphäre entsteht, in der beide Partner sich als Personen und in ihrer Rolle ernst genommen und respektiert fühlen,
- ▷ die jeweilige Sicht des anderen auf die Situation zur Kenntnis genommen werden kann, ohne als Angriff oder Abwertung verstanden zu werden,
- ▷ der zu beratende Schüler seine eigenen Ressourcen und Stärken wahrnimmt und sich damit realistische Chancen für Veränderungen eröffnet,
- ▷ Gemeinsamkeiten auch in wichtigen Zielen gesehen und so zum beiderseitigen Vorteil Ideen für Problemlösungen entwickelt werden können.

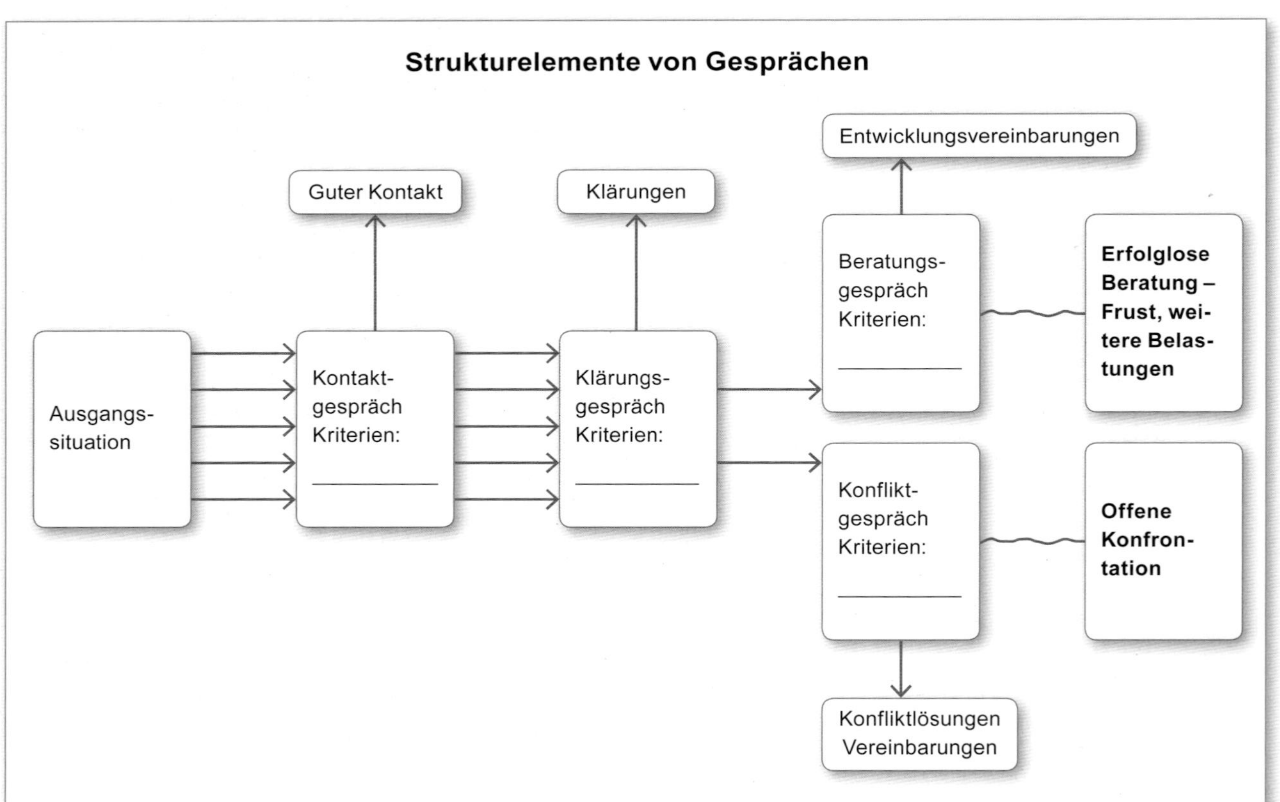

Abb. 15: Strukturelemente von Gesprächen

Kunz/Rauch/Schneider: Schülergespräch und Lernberatung – Das Praxisbuch
© Auer Verlag – AAP Lehrerfachverlage GmbH, Donauwörth

Der Erfolg eines Gespräches hängt demnach auch von vier Aspekten (Abb. 16) ab:

- Setting (Raum, Zeitpunkt, Form der Einladung/Vorladung ...)
- Struktur/Ablauf des Gespräches
- Kompetenz des beratenden Lehrers im Einsatz von Methoden der Gesprächsführung
- Haltung der Lehrkraft im Gespräch

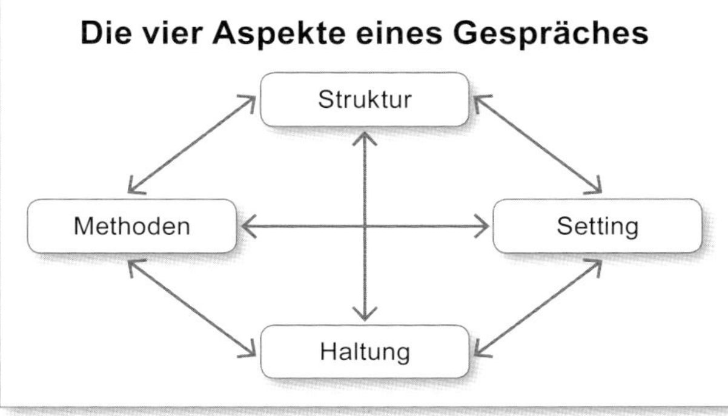

Abb. 16: Die vier Aspekte eines Gesprächs

Dabei stehen die vier Aspekte in enger Wechselwirkung, d.h. sie unterstützen sich sowohl in ihren positiven als auch in ihren negativen Effekten. Je besser es Ihnen gelingt, für ein gutes Setting zu sorgen, desto leichter werden Ihnen der Einstieg und damit das ganze Gespräch gelingen. Je mehr Sie Methoden der Gesprächsführung beherrschen, desto souveräner werden Sie im Gespräch handeln und auch in konfliktreichen Situationen zu einer Kooperation und damit einer guten Lösung kommen können. Je mehr Sie im Laufe von erfolgreich geführten Gespräche sich die Haltung erworben haben „Ich kann den anderen mit seiner Sicht der Situation ernst nehmen", desto offener werden Sie im Gespräch sein können und damit viele Hinweise auf Ressourcen und Möglichkeiten des Partners im Gespräch finden können.

Die Erfahrungen der beratenden Berufe zeigen, dass viele Menschen aus der Überzeugung heraus handeln, dass sie „die Fachleute für die Lösung ihrer Probleme sind", und nur dann (anders) handeln, wenn sie darin einen klaren Vorteil für sich sehen (vgl. **Abb. 17, S. 35:** Motivation von Schülern). Denn: „**Das ist das Geheimnis gelingender Kooperation: den anderen gut aussehen lassen**" (Palmowski/Freyling 1997).

Die beiden „Leitlinien für ein gutes Gespräch" (Tabelle 6 und 7) sind in weiten Teilen identisch, berücksichtigen aber am Anfang, ob das Gespräch auf Ihre Initiative hin stattfand (Leitlinie B) oder ob Sie angesprochen – oder gar „überfallen" wurden (Leitlinie A).

Leitlinien für ein „Gutes Gespräch"– Initiative vom Gesprächspartner ausgehend (A)

1) Gute Startbedingungen/Rahmenbedingungen schaffen
- Termin vereinbaren
- sich Zeit nehmen
- einen geeigneten Raum auswählen und vorbereiten
- Telefon abstellen – mögliche Störungen verhindern
- ...

2) Zum Gesprächsbeginn: In Kontakt kommen
- Gesprächspartner/in „ankommen" lassen
- Ihn/sie um eine kurze Begründung für seinen/ihren Gesprächwunsch bitten
- Freiwilligkeit des Gespräches betonen
- Ihm/ihr in seinen/ihren positiven Erwartungen entgegenkommen
- Ihn/sie in seinen positiven Absichten verstärken (ihm/ihr positive Absichten unterstellen).
- Ihn/sie in seinen Befürchtungen/Ängsten ernst nehmen.

3) Klärung der verschiedenen Sichten auf die anzusprechende Situation
- Gesprächspartner/in um seine/ihre erste Beschreibung der Situation bitten.
- Seine/ihre Situationsbeschreibung durch aktives Zuhören/Spiegeln o.Ä ernst nehmen.
- Seine/ihre Sicht als subjektive Sicht darstellen – und die Gefühle dabei als Ich-Botschaft beschreiben.
- Die Rolle des Partners – die eigene Rolle in dieser Situation beschreiben – und als „gemeinsame Überzeugung" festhalten (Rollenklärung).
- Mögliche gemeinsame Ziele dieses Gespräches formulieren- und als solche vereinbaren (Zielvereinbarung).

4) Gegenüberstellung der Situationssichten
- Darstellung der eigenen Sicht
- Klärung von gemeinsam gesehenen Aspekten
- Klärung von unterschiedlich gesehenen Aspekten
- Wiederholung des gemeinsamen Zieles des Gespräches – im Kontext der jeweiligen Rolle

5) Gemeinsame Erarbeitung von Lösungswegen
- Bitte um Lösungsideen des Partners
- Eigene Lösungsideen
- Suche nach „Schnittmengen" bzw. Kompromissen
- Vorschlag von Vereinbarungen – bei Ablehnung Gegenvorschlag erbitten
- Vereinbarungen festhalten
- Weitere „begleitende Schritte" vereinbaren (Austausch ...)

6) Abschluss des Gespräches und Verabschiedung

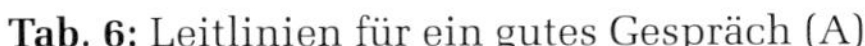

Tab. 6: Leitlinien für ein gutes Gespräch (A)

Kunz/Rauch/Schneider: Schülergespräch und Lernberatung – Das Praxisbuch
© Auer Verlag – AAP Lehrerfachverlage GmbH, Donauwörth

Leitlinien für ein „Gutes Gespräch"– Initiative von Ihnen ausgehend (B)

1) **Gute Startbedingungen/Rahmenbedingungen schaffen**
   - Grund für Gesprächswunsch kurz mitteilen
   - Termin vereinbaren
   - sich Zeit nehmen
   - einen geeigneten Raum auswählen und vorbereiten
   - Telefon abstellen – mögliche Störungen verhindern
   - ...

2) **Zum Gesprächsbeginn: In Kontakt kommen**
   - Gesprächspartner/-in „ankommen" lassen.
   - Grund für Gesprächswunsch kurz wiederholen – sich für Gesprächbereitschaft bedanken
   - Freiwilligkeit des Gespräches betonen
   - Ihm/ihr in seinen/ihren positiven Erwartungen entgegenkommen
   - Ihn/sie in seinen positiven Absichten verstärken (ihm positive Absichten unterstellen).
   - Ihn/sie in seinen Befürchtungen /Ängsten ernst nehmen.

3) **Klärung der verschiedenen Sichten auf die anzusprechende Situation**
   - (eventuell Darstellung der eigenen Sicht – eindeutig beschreibend! als Ich-Botschaft)
   - Gesprächspartner/in um eine seine/ihre erste Beschreibung der Situation bitten.
   - Seine/ihre Situationsbeschreibung durch aktives Zuhören/Spiegeln o. Ä ernst nehmen.
   - Seine/ihre Sicht als subjektive Sicht darstellen – und die Gefühle dabei als Ich-Botschaft beschreiben.
   - Problemsicht erweitern – In welchen Kontexten tritt dieses Problem – nicht – auf? Wer ist ebenfalls am Problem beteiligt? Wer trägt zur Verringerung des Problems bei?
   - Die Rolle des Partners – die eigene Rolle in dieser Situation beschreiben – und als „gemeinsame Überzeugung" festhalten (Rollenklärung).
   - Mögliche gemeinsame Ziele dieses Gespräches formulieren – und als solche vereinbaren (Zielvereinbarung).

4) **Gegenüberstellung der Situationssichten**
   - (Darstellung der eigenen Sicht vgl. oben)
   - Klärung von gemeinsamen gesehenen Aspekten
   - Klärung von unterschiedlich gesehenen Aspekten
   - Wiederholung des gemeinsamen Zieles des Gespräches – im Kontext der jeweiligen Rolle

5) **Gemeinsame Erarbeitung von Lösungswegen**
   - Bitte um Lösungsideen des Partners
   - Eigene Lösungsideen
   - Suche nach „Schnittmengen" bzw. Kompromissen
   - Vorschlag von Vereinbarungen – bei Ablehnung Gegenvorschlag erbitten
   - Vereinbarungen festhalten
   - Weitere „begleitende Schritte" vereinbaren (Austausch ...)

6) **Abschluss des Gespräches und Verabschiedung**

Tab. 7: Leitlinien für ein gutes Gespräch (B)

5.2 VORBEREITUNG VON GESPRÄCHEN

☐ BEWUSSTE PLANUNG UND VERGABE VON GESPRÄCHSZEITEN

Natürlich lassen sich nicht alle Situationen vorhersehen, die ein Gespräch mit einem Schüler notwendig machen. Aber so wie Weihnachten eigentlich kein überraschend auftauchender Termin ist, so gibt es Zeitfenster, in denen sich in der Regel Gesprächsanlässe häufen. Solche „Stoßzeiten" liegen z. B.

- ▷ in Eingangsklassen zwei bis drei Wochen nach Schulbeginn,
- ▷ nach Abschluss der ersten Runden von Klassenarbeiten oder zum Ende des ersten Quartals,
- ▷ drei bis vier Wochen vor den Halbjahreszeugnissen,
- ▷ nach den Halbjahreszeugnissen,
- ▷ am Ende des dritten Quartals und nach Versendung der Verwarnungen,
- ▷ vier bis sechs Wochen vor Schuljahresende bei drohenden Laufbahnänderungen.

Wenn die Schule nicht schon „Schülersprechtage" zu den entsprechenden Terminen eingerichtet hat, dann lohnt es sich, im eigenen Stundenplan eine Springstunde oder eine Randstunde intern als „Gesprächsstunde" vorzusehen. So können Sie Schüler zu einem Gespräch einladen – wenn Sie auch den Kollegen der entsprechenden Unterrichtsstunde um eine Gesprächsbefreiung bitten.
Denn die Erfahrung zeigt, dass in der Regel Gespräche eher zu spät als zu früh geführt werden. Je „überfälliger" dieser Termin aber ist, desto drängender die Probleme und desto angespannter die Gesprächspartner, desto schwieriger ist es, in einen guten Kontakt zu kommen, Handlungsalternativen und Perspektiven zu entwickeln und diese in reellen Schritten umzusetzen. „Wir sollten uns mit großen Problemen beschäftigen, solange sie noch klein sind" (Jadwiga Rutkowska).
Wenn an bestimmten „Sprechtagen" ein Zeitraster von zehn Minuten vorgegeben ist, dann genügt dies für einfache Kontakt- und Klärungsgespräche. Wenn Sie aber wissen, dass Sie bei einem Schüler mehr Zeit benötigen, dann blocken Sie die folgende Zeiteinheit mit einem „erfundenen Schüler", um wenigstens zwei Zeiteinheiten für das Gespräch zu haben.

☐ SCHAFFUNG GEEIGNETER RAHMENBEDINGUNGEN

Wie schon mehrfach und auch in 5.1 betont, ist ein wichtiges „Arbeitsmittel" eine gute Gesprächsatmosphäre. Dabei werden die ersten Wahrnehmungen bei einem Gesprächstermin als wichtige Signale eher unbewusst wahrgenommen und emotional gedeutet:

Kunz/Rauch/Schneider: Schülergespräch und Lernberatung – Das Praxisbuch
© Auer Verlag – AAP Lehrerfachverlage GmbH, Donauwörth

- Werde ich erwartet? (Oder muss ich warten?)
- Werde ich freundlich begrüßt? (Oder ist dies ein lästiger Termin, der noch „dazwischen geschoben" wurde?)
- Ist der Gesprächsraum angemessen aufgeräumt? (Oder muss erst Platz geschaffen werden für eine Gesprächsrunde?)
- Gibt es einen vorbereiteten Tisch für das Gespräch? (Oder muss er erst freigeräumt werden?) usw.

Dabei spielen nicht nur die räumlichen Rahmenbedingungen eine Rolle, sondern auch das „Vorbereitetsein" des Lehrers:

- Begrüßt er mich mit meinem Namen? (Oder muss er ihn erst erfragen oder im Kalender nachsehen?)
- Ist er bei Gesprächsbeginn entspannt? (Oder eher nervös und hektisch?)
- Weiß er, aus welchem Grund ich heute hier bin? (Oder muss er erst nachfragen?)
- Habe ich den Eindruck, er hat sich auf das Gespräch vorbereitet? (Oder blättert er erst noch in seinen Notizen?)

Alle diese Aspekte signalisieren das Ernstnehmen dieses Termins und damit auch des Schülers, lassen Wertschätzung deutlich werden und deuten sichtbar auf ein Interesse an der Person und ihrer persönlichen Weiterentwicklung hin. Und alle diese Signale legen einen Grundstein für ein Gespräch in der Intention: „Du bist mir wichtig, ich schätze dich, ich möchte mit dir zusammen überlegen, welche weiteren (Entwicklungs-) Schritte für dich von Vorteil sein könnten und wie ich dich dabei unterstützen/begleiten kann, wenn du willst". Damit wird in ersten Ansätzen eine „Arbeitsebene" skizziert, die als erster „Treffpunkt" zum Austausch der unterschiedlichen Sichtweisen dienen kann.

☐ SICH DIE VERMUTETE AUSGANGSSITUATION DES SCHÜLERS VERDEUTLICHEN UND EIGENE ZIELE FÜR DAS GESPRÄCH KLÄREN

Eine gute Grundeinstellung zur ersten Wahrnehmung des Ausgangszustandes eines Schülers vor einem Gespräch ergibt sich, wenn Sie versuchen, sich in die Lage des Schülers hineinzuversetzen (vgl. Übung S. 7): „Ich bin Schüler X. Welche Ängste, Befürchtungen und Hoffnungen verbinden sich für mich mit diesem Gespräch."

- Ein Schüler, der mit Ängsten (ob berechtigt oder unbegründet) in ein Gespräch geht, wird sich erst öffnen, wenn ihm diese Ängste – vorerst – genommen sind (Beispiele 2c, 3b).
- Ein Schüler, der mutlos ist, kein Ziel hat oder sich nichts zutraut, wird sich erst auf ein Gespräch einlassen, wenn er das Gefühl hat, dass ihm der andere etwas zutraut, in ihm schlummernde Chancen sieht, und wenn deutlich wird, wo seine Ressourcen liegen (Beispiele 2b, 3a, 3b).
- Ein Schüler, der sich ungerecht behandelt fühlt, möchte erkennen, dass sein Eintreten für eine faire Behandlung respektiert und geachtet wird, indem die notwendigen Vorgänge transparent gemacht und erläutert werden.
- Ein Schüler, der klare Ziele hat und sich verbessern will, möchte in seinem Anliegen ernst genommen werden und erwartet, dass die vorhandenen Ressourcen gemeinsam analysiert und weitere realistische Herausforderungen formuliert werden.
- Ein Schüler, mit dem ein Konflikt im Raum steht, möchte, dass seine Sicht der Dinge ernst genommen wird und er fair behandelt wird. Dann wird er sich ein wenig öffnen und zugeben können, dass er bei seinem Handeln nicht alles zu Ende bedacht hat (Beispiel 4).

Bei diesen Überlegungen werden Ihnen viele Fragen kommen – und dies sind gute Ansatzpunkte, das Gespräch konkret und intensiver werden zu lassen (Erforschen der inneren Landkarte des Schülers, s. Übungen 4.3 und 4.4). Es lohnt sich, solche Fragenkomplexe zu notieren.

Grundsätzlich lassen sich vier verschiedene Motivationszustände von Schülern festhalten:

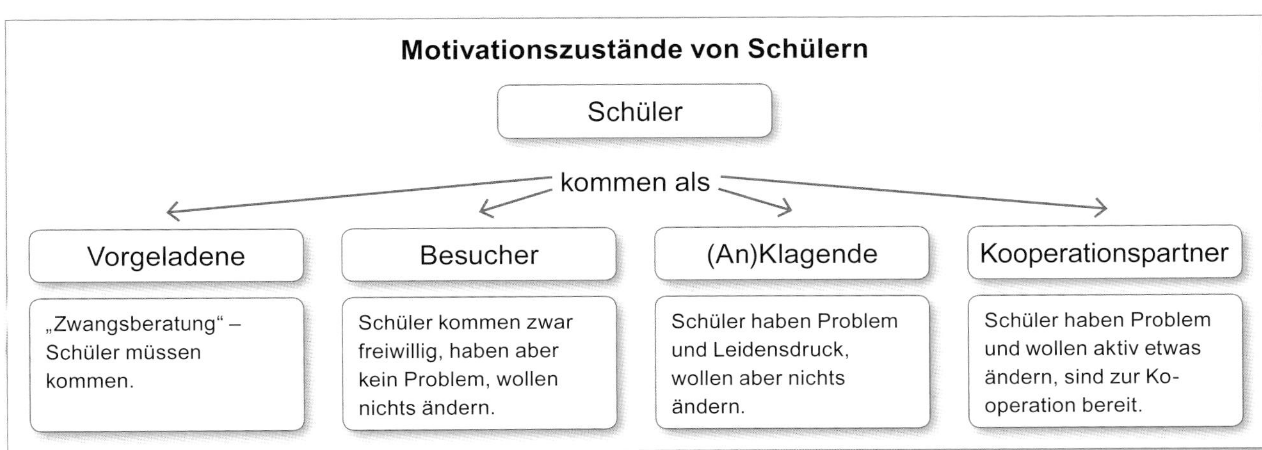

Abb. 17: Motivationszustände von Schülern

Kunz/Rauch/Schneider: Schülergespräch und Lernberatung – Das Praxisbuch
© Auer Verlag – AAP Lehrerfachverlage GmbH, Donauwörth

Die schwierigste Ausgangssituation liegt vor, wenn ein Schüler vorgeladen werden musste. Hier liegt also keine Freiwilligkeit und keine „gleiche Augenhöhe" der Gesprächspartner vor – eigentlich zwei grundlegende Voraussetzungen für ein erfolgreiches Beratungsgespräch. Umso wichtiger ist es deshalb, herauszufinden, an welcher „Stelle" der „Stadien der Veränderung" der Schüler steht und welche Gemeinsamkeiten und Ziele sich doch noch finden lassen. (vgl. Abb. 9, S. 24)

„Besucher" sind z. B. solche Schüler, die die „Lage" einmal sondieren wollen. Dies kann sich darauf beziehen, herauszufinden, wie sie die Lehrkraft finden, um diese besser Einschätzen zu können, oder etwas von der Lehrkraft zur Einschätzung ihrer eigenen Person zu erfahren. Hier kann man eine gewisse Offenheit annehmen und so bietet sich die Chance, ein Kontaktgespräch zu führen, das viele Informationen zum Denken und Handeln des Schülers liefern kann.

Anklagende Schüler haben vielleicht tatsächlich etwas zu klagen, aber sind sich noch unschlüssig, wie sie damit umgehen wollen. Sie tun sich damit schwer, sich mit der Problemsituation auseinanderzusetzen, weil dies immer auch eigene Aktivität einfordert. Manche hoffen, durch ihr Klagen könnten sich andere aufgefordert fühlen, für sie das „Problem" zu lösen. Dies ist nicht möglich, da (fast) jedes Problem einen „hausgemachten Anteil" enthält. Andere laden gerne ihre Klagen bei anderen ab nach der Devise: „Gut geklagt ist halb gelitten". In diesem Fall sollten Sie bald überprüfen, inwieweit der Betreffende tatsächlich nur „klagen will" oder ob er vielleicht auch ein ernsthaftes Interesse an einer Problemlösung hat.

Kooperationspartner wollen etwas verändern – und benötigen Anregungen zu einer erweiterten Problemsicht und einen differenzierten Blick auf die eigenen Ressourcen, um zu einer Lösung zu kommen.

Unter der Annahme, Sie hätten sich eine zutreffende Vorstellung der Situation des Schülers gemacht, können Sie überlegen, welche minimalen/wünschenswerten Ziele Sie im Gespräch erreichen wollen.

Bei Beispiel 1 könnten wichtige Ziele sein zu klären: Welche Kompetenzen im Fach Mathematik beherrscht der Schüler? Was muss noch intensiviert und gesichert werden? Wie könnte der Schüler besser mit Stress in den Klassenarbeiten umgehen? Wer könnte ihn bei den Schritten unterstützen? Wie können die Fortschritte von allen Beteiligten wahrgenommen und in ihrer Wahrnehmung verglichen werden?

Im Beispiel 4 könnte das minimale Ergebnis mit Alex sein, dass er die Bilder so vollständig wie möglich aus dem Netz entfernt (bzw. entfernen lässt) und sich bei Manuela in aller Form entschuldigt. Damit könnte er entsprechenden juristischen Schritten der Eltern von Manuela zuvor kommen und wenigstens formal seinen Teil zur Beruhigung des gestörten Klimas in den Lerngruppen beitragen.

Leitfragen für minimale Ziele könnten sein (orientiert an den Zusammenhängen, wie sie das Faktorendreieck der Themenzentrierten Interaktion aufzeigt und wie es in den Pyramiden für optimale Lernbedingungen skizziert ist (vgl. Kapitel 4, Abb. 2 und 3):

- Was ist notwendig, um den Schüler als Person und in seiner Stellung in der Klasse zu stabilisieren?
- Was ist notwendig, um die inhaltliche Lernfähigkeit des Schülers zu stabilisieren?
- Wie kann der Schüler unterstützt werden, seine Defizite schrittweise abzubauen?
- Was ist notwendig, um den Schüler in seiner familiär problematischen Situation zu schützen bzw. zu stützen? Welche externe Unterstützung ist dazu notwendig?
- Was sind die minimalen Konsequenzen als Folge eines Fehlverhaltens des Schülers, die dieser zu tragen hat?
- Inwieweit müssen die Eltern oder sogar andere Institutionen mit einbezogen werden?

5.3 GESPRÄCHSANGEBOT – EINLADUNG ZUM GESPRÄCH – GESPRÄCHSAUFFORDERUNG

Im Grunde sind es immer Sorgen des Lehrers (um das Klassenklima, um die Leistungsfähigkeit, um das Wohlbefinden eines Schülers etc.), die der Auslöser für ein Gesprächsangebot durch die Lehrkraft sind. Damit gedanklich verbunden sind häufig kritische Anmerkungen zum Verhalten der Klasse oder einzelner, die der Lehrkraft vor dem Gespräch „auf der Zunge liegen". Da aber ein guter Kontakt der Gesprächspartner der Schlüssel für ein erfolgreiches Gespräch ist, wäre der Beginn mit einem Vorwurf kein guter Start.

Aus diesem Grund keine Anmerkungen zum Anlass des Gespräches zu machen („Ich möchte einfach einmal mir dir sprechen ..."), wird jedoch gerade unsichere Schüler noch mehr verunsichern und sich fragen lassen: „Das muss doch einen Grund haben? Was könnte er mir vorwerfen? Was will er im Gespräch mit mir herausfinden?" Deshalb steht jeder Lehrer bei einer Gesprächseinladung vor dem Dilemma, so viel sagen zu müssen, dass der Schüler die Notwendigkeit für ein Gespräch einsehen kann, aber nur so viel zu sagen, wie unbedingt notwendig ist, und es vor allem auf eine solche Art und Weise zu sagen, dass es nicht als Drohung, Vorverurteilung oder Abwertung verstanden wird. Denn solche Botschaften blockieren ein offenes Gespräch und es kann lange dauern, bis Sie solche Blockaden in einem Gespräch wieder aufgelöst haben.

Die Erfahrung aus Lehrerfortbildungen zum Thema zeigt, dass es gar nicht einfach ist, solche Gesprächs-

Kunz/Rauch/Schneider: Schülergespräch und Lernberatung – Das Praxisbuch
© Auer Verlag – AAP Lehrerfachverlage GmbH, Donauwörth

einladungen zu formulieren. Hinweise auf das „Wie" der Formulierung liefert uns das Konzept der „Gewaltfreien Kommunikation" (vgl. 4.2, S. 28). Die Regeln für ein hilfreiches Feedback (KV 13, S. 81) empfehlen, eine möglichst konkrete Situation kurz zu benennen und dies mit dem Wunsch zu verbinden, eine für Sie nicht ganz verständliche Situation erklärt zu bekommen. (Nicht also: „Schon häufig habe ich im Lauf der letzten Wochen beobachtet, dass ...")

Als Beispiel finden Sie zwei Formulierungen zu einer Gesprächseinladung – zur Illustration der obigen Anmerkungen:

> ☹ „Richard – dein Sozialverhalten in der Klasse gefällt mir gar nicht – wir müssen uns darüber dringend einmal unterhalten. So kann es nicht weitergehen. Wann können wir dieses Gespräch führen?"
>
> ☺ Hast du einen Moment Zeit, Richard? Ich war über manche Anmerkungen von dir im Unterricht heute etwas irritiert. Nach meiner Wahrnehmung haben deine ironischen Kommentare zu Schüleräußerungen manche Mitschülerinnen verunsichert. Mir ist es wichtig, dass sich alle im Unterricht gerne beteiligen; ich möchte dich deshalb bitten, dass wir über die Intentionen und Wirkungen deiner Äußerungen einmal sprechen. Wann könnten wir uns treffen?

Weitere Beispiele hierzu finden Sie bei der Übung 4.5, S. 72!

5.4 HAUPTSTATIONEN DES GESPRÄCHES

□ BEGRÜSSUNG – GESPRÄCHSERÖFFNUNG UND KONTAKTGESPRÄCH

In dieser ersten Phase eines jeden Gespräches werden wichtige Weichen für den weiteren Verlauf gestellt. Denn für jeden Schüler – unabhängig vom Gesprächsanlass – ist der Schritt zu einem Gespräch mit dem Lehrer, dem Ranghöheren und demjenigen, der Noten vergibt und damit laufbahnrelevante Entscheidungen trifft, in der Regel nicht einfach.

Umso wichtiger ist es, diesen Schritt wertzuschätzen und als einen Ansatz für eine Kooperation anzuerkennen. Dies muss schon in der freundlichen, aber nicht überschwänglichen Begrüßung zum Ausdruck kommen. Die Wertschätzung des Partners wird auch dadurch unterstrichen, dass Sie betonen, dass Sie die Freiwilligkeit seines Kommens sehr achten – und es auch respektieren werden, wenn er das Gespräch von sich aus ohne Angabe von Gründen beenden möchte. Dieser Gesprächsabbruch wird dann praktisch niemals erfolgen, wenn es Ihnen auf diese Weise gelingt, einen guten Kontakt herzustellen.

Wenn die Initiative vom Schüler ausging, dann ist es wichtig, ihn noch einmal um die Begründung für seinen Gesprächswunsch zu bitten – und so haben Sie sofort viele Anknüpfungspunkte für das folgende „Kontaktgespräch'.

Denn in jedem Gesprächsanliegen scheinen Wünsche, Hoffnungen, Enttäuschungen, Ärger, Frustrationen, leidvolle Erfahrungen durch, die eine Möglichkeit bieten, darüber ins Gespräch zu kommen – und Verständnis und Empathie auszudrücken. Solche Gespräche sind ein wichtiger Beitrag zu einem „guten Kontakt" und damit keinesfalls unwichtig im Hinblick auf die Lösung des anstehenden Problems. Darüber hinaus enthalten sie immer Fingerzeige darauf, was dem Schüler wichtig ist – und was nicht, welche Ziele er hat und welche nicht, wozu er bereit ist, sich einzusetzen oder auch nicht.

Wenn der Schüler in einer solchen Situation „ins Erzählen kommt", lohnt es sich, ihm eine Weile zuzuhören. Sollte er sehr weit vom Thema abschweifen, dann könnten Sie ein wenig zusammenfassen und ihn bitten zu erklären, welchen Zusammenhang er zur Ausgangsproblematik sehe. Mit etwas Erfahrung haben Sie am Ende dieses Gesprächsteiles konkrete Hinweise auf folgende Punkte, die für die weitere Arbeit von Bedeutung sind:

- Was ist dem Schüler wichtig, was nicht? Wo gibt es Gemeinsamkeiten in der Sicht auf die Situation?
- Wo sieht der Schüler generell eigene Stärken und wo solche, die zur Lösung des Problems im Prinzip beitragen könnten?
- Was sind für den Schüler nähere oder fernere Ziele, die er gerne anstreben möchte? Wo sehen Sie hier Gemeinsamkeiten, um dazu eine Kooperation vorschlagen zu können?
- Wen könnte der Schüler als Unterstützer für sich akzeptieren oder gewinnen, um das Ziel erreichen zu können?
- Welche Ideen hat der Schüler, um seine Ziele zu erreichen, welche davon lassen sich ausbauen/ergänzen?

Im Rahmen eines gut geführten Kontaktgespräches legen Sie einerseits die emotionale Basis für ein offenes und konstruktives Gespräch und andererseits erforschen Sie nebenbei die „innere Landkarte" des Schülers, um ihn besser zu verstehen und dann in den folgenden Gesprächsabschnitten gezielter agieren zu können (vgl. Reflektieren, S. 27).

Für das Gespräch, das auf Ihre Initiative zu Stande kommt, gilt im Prinzip das oben Gesagte. In Ihrer Erläuterung des Gesprächswunsches haben Sie aber zudem die Gelegenheit, auf für Sie offene Fragen hinzuweisen – um so in ein intensiveres Gespräch mit dem Schüler zu kommen.

Eine Übersicht über Methoden, ein Gespräch mehr oder weniger zu lenken, finden Sie in der Tabelle 8, S. 41 sowie auf KV 12, S. 79.

Kunz/Rauch/Schneider: Schülergespräch und Lernberatung – Das Praxisbuch
© Auer Verlag – AAP Lehrerfachverlage GmbH, Donauwörth

KOOPERATIVE KLÄRUNG DER AUSGANGSLAGE UND RESSOURCENKLÄRUNG

Wie schon mehrfach betont, können sich Schüler- und Lehrersicht in Bezug auf eine Situation sehr deutlich unterscheiden. Um die subjektiv-empfundene Situation des Schülers besser zu verstehen, sollte dieser als Erster seine Sicht erläutern. (Wenn Sie nämlich ihrerseits damit beginnen, wird seine Darstellung vermutlich etwas anders ausfallen, weil Sie damit gewisse „Vorgaben" machen und damit schon signalisieren, was Sie positiv oder negativ bewerten.) Lassen Sie ihm Zeit, seine Sicht der Dinge darzustellen, und unterbrechen und korrigieren Sie ihn nicht. Es geht um seine subjektive Sicht der Dinge – die Sie als solche annehmen, aber nicht als „objektive Beschreibung" akzeptieren müssen (Selektive Authentizität vgl. S. 28). Es kann, gerade bei schüchterneren Schülern, hilfreich sein, ausschließlich Verständnisfragen zu stellen – im Sinne einer wertschätzenden „Erforschung der Landkarte". Damit halten Sie das Gespräch „am Laufen" (also bitte keine bohrenden Nachfragen, um z.B. einen Fehler oder eine Schwäche nachzuweisen; vgl. Reflektieren).

Wenn es Ihnen gelingt, vor allem mit dem „Selbstoffenbarungsohr" (Schulz von Thun; s. Kapitel 4) diese Situationsschilderung anzuhören und als seine Sicht zu akzeptieren, dann wird es dem Schüler leichter fallen, auch Ihre Sicht der Dinge, formuliert als sehr konkrete Beschreibungen und Wahrnehmungen, anzuhören, insbesondere, wenn diese „gewaltfrei" formuliert wurden (vgl. Gewaltfreie Kommunikation, S. 28).

In vielen Situationsschilderungen tauchen bestimmte Denkmuster auf, meist in Verbindung mit Wörtern wie „immer, nie, niemand, alle". So z.B. oben in Situation 2a: „Nie nehmen Sie mich dran!" oder in Situation 2b: „Immer beteilige ich mich am Unterricht, und nie nehmen sie mich dran!" Solche verfestigten Denkstrukturen verhindern einen konstruktiven Austausch und können jedes Gespräch blockieren. In solchen Fällen ist es wichtig, die Sicht auf das Problem oder die Situation zu erweitern. Mit der Frage-Methode des „Verflüssigens" können diese Denkmuster aufgebrochen werden. So wird eine andere Wahrnehmung mit dem Fokus auf Chancen gefördert und es werden erste Ansätze für Veränderungen sichtbar gemacht (vgl. 4.2, S. 29).

Gerade auch in Konfliktsituationen ist es wichtig, die Sicht des Schüler vorbehaltlos als „seine Sicht" zur Kenntnis zu nehmen, ihn ausreden zu lassen und zu versuchen, ihn zu verstehen – und ihm dies entsprechend zu signalisieren (aktives Zuhören, Reflektieren; vgl. 4.2), Wenn Sie an dieser Stelle bereits seine Einschätzung der Lage (genauer: seine subjektiven Wahrnehmungen) in Frage stellen, wird er dies als Abwertung seiner Person, als „Nicht-ernst-Nehmen" deuten – mit schwerwiegenden Folgen für den ganzen weiteren Gesprächsverlauf.

Ein zu kritisierendes/unverstandenes Verhalten zunächst als „positives Verhalten" aus dem Blickwinkel des Schülers wahrzunehmen, wird Ihnen in vielen Fällen nicht leicht fallen. Es handelt sich meist um den Ausdruck von Individualität, machtvolle Selbsterfahrung (Beispiele 2d, 4) oder Zugehörigkeit zu einer Gruppierung. Damit hat dieses Verhalten für die Person eine Bedeutung, für die allerdings aus dem Blickwinkel der Lehrkraft ein „Preis" bezahlt wird. Inwieweit die „Bedeutung" den zu zahlenden „Preis" rechtfertigt, wird im Abschnitt Zieleklärung (s.u.) mit dem Schüler zu besprechen sein.

In der Phase „Klärung der Ausgangslage" werden Sie mit etwas Erfahrung ganz viele Hinweise auf mögliche Ressourcen des Schülers erhalten. Dabei unterscheiden viele Schüler zwischen „Schulleben" und „sonstigem Leben" und übersehen dabei, dass sie viele Kompetenzen und Ressourcen im „sonstigen Leben" erworben haben, die sie auch im schulischen Bereich nutzen könnten. Solche Ressourcen sind u.a.: Mitarbeit in einer Gruppe/einem Team; selbstständige Übernahme von Aufgaben, auch in der Familie; Beharrlichkeit und Ausdauer beim Erreichen eines Zieles; Rückhalt in der Familie/bei Freunden; Anerkennung von Leistungen in einem außerschulischen Bereich (Sportverein, Musikverein, sonstige Freizeitaktivitäten); Anstrengungsbereitschaft, Flexibilität und Handlungskompetenz („Nebenjob", beim Geldverdienen u.a.).

Eine weitere Form von Ressourcen liegt in verschiedenen Ereignissen, die der Schüler bereits erfolgreich gemeistert hat, oder in der Art, wie er solche bei anderen miterlebt hat. Dies könnten sein: Verarbeitung eines Trauerfalles in der (weiteren) Familie, Verarbeitung der Trennung der Eltern, Umgang mit Krankheit usw. Denn die Erfahrung im Umgang mit schwierigen Situationen lässt sich übertragen auf „schwierige Situationen" in der Schule, insbesondere im Hinblick auf Strategieklärung, Überlegen von mehreren Schritten zum Ziel, Ausdauer, Unterstützung finden bei Freunden/Familienangehörigen usw.

GEMEINSAME KLÄRUNG DER ZIELVORSTELLUNGEN UND AUSTAUSCH ÜBER KONVERGIERENDE/DIVERGIERENDE INTERESSEN UND WERTVORSTELLUNGEN

Im Rahmen der Klärung der Ausgangslage wird an vielen Stellen deutlich werden, was dem Schüler besonders wichtig ist. Da vielen Schülern dies selbst nicht so bewusst ist, kann es hilfreich sein, zum Beginn des Abschnitts „Zielklärung" solche vermuteten Ziele kurz als Ihre Wahrnehmung zu formulieren – und den Schüler um eine klärende Stellungnahme dazu zu bitten („Inwiefern sehe ich dies richtig? Was würdest du anders sehen?"). Auch hier gilt noch der Vorrang des Verstehens des Schülers. Am Ende dieses Austausches könnte wiederum eine kurze Zusammenfassung der

Kunz/Rauch/Schneider: Schülergespräch und Lernberatung – Das Praxisbuch
© Auer Verlag – AAP Lehrerfachverlage GmbH, Donauwörth

wahrgenommenen Ziele durch die Lehrkraft stehen, mit der Ergänzung, welche dieser Ziele Sie ebenfalls als realistisch und wichtig für den Schüler ansehen. Dann können Sie solche Ziele anfügen, die Sie als Außenstehender als ebenfalls mögliche wichtige Ziele benennen könnten – und Sie bitten den Schüler um eine Stellungnahme dazu. In dem anschließenden Gespräch geht es für den Schüler darum, seine eigenen Ziele kritisch zu sehen und zu reflektieren und eventuell andere Ziele in den Fokus zu nehmen. Deshalb kann es wichtig sein, den Schüler anzuregen, zu formulieren, was eher für das eine Ziel spricht und gegen das andere, ihn also zu einem „lauten Nachdenken über Pro und Kontra" einzuladen – oder ihm auch einfach Zeit zum Nachdenken zu lassen.

In einem Konfliktgespräch ist dies die Gesprächsphase, in der sich die Zielvorstellungen des Schülers von denen der Lehrkraft meist sehr unterscheiden. Eine Ablehnung der Ziele des Schülers wird immer auch als „Abwertung der Person" verstanden werden. Dies wird umgangen, wenn Sie die gegensätzlichen Zielvorstellungen als zwei verschiedene Strategien interpretieren und dazu einladen, die jeweiligen Vor- und Nachteile zu sehen und zu bewerten. In dieser Situation ist es dann Ihre Aufgabe, darauf zu achten, dass wirklich alle Vor- und Nachteile gesehen und bewertet werden. Dabei ist es wirksamer zu fragen: „... welchen Effekt hat dieses Vorgehen für dich? Und welchen in den Augen der anderen? Wie werden diese darüber denken ...?"

So erreichen Sie einen Austausch über – vermutete – Auswirkungen. Oft lassen sich dann vergleichbare Situationen benennen, die herangezogen werden können, um zu klären, wie zutreffend die jeweilige Annahme sei. Denn viele Konflikte entstehen durch unüberlegtes Handeln, das nachträglich oft mit Worten wie „nicht so schlimm, ... harmlos ..., war nur Spaß ..." entschuldigt wird.

Verfolgt der Schüler offen sehr egoistische Ziele, ist es umso wichtiger, hier die Folgen als „Effekte seiner gewählten Strategie" zu verdeutlichen und ihm die Vorteile alternativer Strategien zu erläutern. Diskussionen über Vor- und Nachteile von Strategien können pointierter geführt werden, ohne die Sachebene zu verlassen und ohne damit auf die persönliche Ebene und auf eine Schiene der Eskalation zu geraten. Am Ende dieses Gesprächsabschnittes kann eine kurze Zusammenfassung der „gemeinsamen Ziele" stehen, um dann zur Frage der zur Verfügung stehenden Ressourcen überzugehen.

Je nach Alter des Schülers werden Sie nicht eine Diskussion über abstrakte Wertvorstellungen führen, sondern sich eher über Fragen austauschen wie: Was ist dir besonders wichtig? Was ist dir in der Schule besonders wichtig? Worauf kommt es dir im Zusammenleben mit anderen – auch in der Klasse – besonders an?

Handelt es sich bei dem zu führenden Gespräch primär um ein **Beratungsgespräch**, dann ist vor allem wichtig, die zentralen gemeinsamen Zielvorstellungen und die dahinter stehenden Wertvorstellungen in den Vordergrund zu rücken und gemeinsame Überlegungen anzustellen, wie diese anzustreben seien. Denn das Wichtige in dieser Situation ist, dass der Schüler sich als Handelnder mit klaren und für ihn bedeutsamen Zielen erfährt – und sich wohlwollend durch die Lehrkraft unterstützt weiß. Eine kleinliche Auseinandersetzung um eine ausdifferenzierte Ziel- und Wertehierarchie wird einen konkreten Anfang und das Gefühl der Unterstützung blockieren. Eine Konzentration auf gemeinsam als wichtig erachtete Ziele kann dazu führen, dass die gewählte Strategie noch einmal nachjustiert werden muss. Aber eine kritische Reflexion nach einiger Zeit ist sowieso sinnvoll und könnte durch sich ändernde Rahmenbedingungen ebenfalls notwendig geworden sein. Das Einplanen einer Nachjustierung sollte in diesem Fall Teil der Vereinbarungen zum Ende eines Gespräches sein.

Auch bei einem **Gespräch mit eher konfliktträchtigen Anteilen** (z. B. bei kleineren Regelverstößen, aber vorhandener Einsicht in die Problematik) lohnt es sich, die gemeinsamen Wertvorstellungen herauszuarbeiten. Je mehr dies gelingt, desto eher kann auch offen über Unterschiede gesprochen werden – ohne „Abwertungen', sondern eher als Austausch über Vor- und Nachteile von verschiedenen Strategien. Denn ein Teil der – vielleicht nur vermuteten – Unterschiede geht darauf zurück, dass manches Verhalten in seinen Konsequenzen nicht ganz zu Ende gedacht wurde. Indem über Vor- und Nachteile reflektiert wird, treten die beiden Seiten eines Verhaltens deutlicher ins Bewusstsein – und der Schüler kann ohne Gesichtsverlust andere Werte für sich in den Vordergrund schieben.

Bei einem **Gespräch mit einem sehr hohen Konfliktpotenzial** (Beispiele 2d, 4, z. B. bei schwerwiegenden Regelverstößen und fehlender Einsicht in das Fehlverhalten) muss deutlich werden, dass dieses Verhalten nicht hingenommen werden kann – und für den „Beobachter" nach den bisherigen Erfahrungen mit dem Schüler einen „Ausrutscher" darstellt, der zum sonstigen Eindruck nicht passt. Mit dieser „wohlmeinenden Unterstellung" wird nicht die ganze Person und ihr Verhalten be-/verurteilt, wohl aber das konkrete Verhalten abgelehnt. Mit dem Hinweis auf ein vermutetes Spannungsfeld in den zu Tage getretenen Wertvorstellungen des Schülers kann eine Tür offen bleiben für Gespräche darüber, wie eine Güterabwägung zwischen den im Raum stehenden Werten aussehen könnte. Damit soll einem starren Festhalten an getroffenen Entscheidungen vorgebeugt und Raum für eine Weiterentwicklung der Überlegungen offen gehalten werden (vgl. Beispiel 4, KV 14, S. 82).

Kunz/Rauch/Schneider: Schülergespräch und Lernberatung – Das Praxisbuch
© Auer Verlag – AAP Lehrerfachverlage GmbH, Donauwörth

☐ EINIGUNG ÜBER VON BEIDEN SEITEN DURCHZUFÜHRENDE MASSNAHMEN

Am Anfang dieses Abschnittes könnte eine beschreibende, nicht bewertende, kurze Zusammenfassung der beiderseitigen Sichtweisen und Zielvorstellungen stehen, die eher das Gemeinsame als das Trennende betont, ohne wirklich schwerwiegende Unterschiede zu ignorieren. Daran sollte sich die Aufforderung anschließen, erste Ideen zu entwickeln, wie es weitergehen könnte, was der Schüler tun könnte, um das Beste aus dieser Situation zu machen.

Auch wenn dem Schüler dazu nicht viel einfallen sollte, ist es sehr wichtig, dass er möglichst mit ersten Anmerkungen dazu beginnt, die dann durch aktives Zuhören, Reflektieren und „Verflüssigen" erweitert und konkretisiert werden können. Auch wenn für Sie als Lehrkraft häufig die Konsequenzen klar auf der Hand liegen – aus dem Blickwinkel des Schülers muss das keineswegs so sein. Denn vermutlich befindet sich der Schüler gegen Ende des Gespräches noch mitten in einem sehr intensiven Denkprozess. Vielleicht benötigt er sogar noch Zeit, über mögliche Konsequenzen nachzudenken. In diesem Fall könnte die Vereinbarung lauten: „Wir treffen uns wieder am soundsovielten und du nennst mir zwei oder drei Initiativen, die du als nächstes ergreifen willst!"

Die Schwierigkeit des Schülers, erste Ideen zu nennen, könnte auch darauf zurückgehen, dass aus der Sichtweise des Schülers jeder Vorschlag Vor- und Nachteile hat – für ihn selbst und für die anderen. In diesem Falle lohnt es sich, auf diesen Aspekt hinzuweisen, wenn nötig mit einem Beispiel zu erläutern und dann den Schüler zu bitten, eine Erörterung zu beginnen mit Formulierungen wie „Einerseits würde ich gerne/könnte ich mir vorstellen – andererseits.....". Damit könnte eine Blockade des Denkens sprachlich beseitigt und eine erste Hürde für Überlegungen entfernt werden. Diese ersten Gedanken können durch eine weitere Aussprache entsprechend optimiert werden und dann schließlich zu einer verbindlichen Vereinbarung führen.

Je mehr konkrete Vorstellungen der Schüler entwickelt, desto mehr sollten Sie einladen, Vor- und Nachteile jeder „Strategie" zu reflektieren. Am Ende sollte bei einem wenig selbstbewussten Schüler wenigstens eine Aktion/Vereinbarung stehen, die für ihn mit einigem Erfolg leistbar ist. Dazu sollte ergänzend geklärt werden, wer den Schüler bei seinem Vorhaben emotional bzw. mit Rat und Tat unterstützen könnte und wann ein Austausch über den Erfolg der Vereinbarungen stattfinden wird. Dabei gilt, je weniger selbstbewusst der Schüler ist, desto kürzer sollten die Planungszeiträume sein. Im Beispiel 2a der Schülerin Daniela begann ich mit einer Vereinbarung, jeweils zum Stundenende sich kurz auszutauschen zu den Fragen: Wie viel Mal hast du dich gemeldet – und wie viel Male habe ich dich dran genommen?

Auch bei einem selbstbewussteren Schüler sollte bei der Schlussvereinbarung stets die Problematik mitbedacht werden, dass beim besten Willen nicht immer alles so gelingen wird, wie wir uns dies wünschen. Dies bedeutet, dass es Rückschläge und Enttäuschungen geben kann. Wenn beide dies wissen, fällt es leichter, damit umzugehen und dennoch Fortschritte zu sehen und wertzuschätzen.

Werden Vereinbarungen über ein „geändertes Verhalten" getroffen, so lohnt es sich, dies in wenigen Stichworten festzuhalten – und diese Formulierung mit dem Schüler abzusprechen (vgl. Fixierung der Gesprächsergebnisse, 5.6).

5.5 GESPRÄCHSABSCHLUSS

Am Ende muss auf jeden Fall eine positive Würdigung des Erreichten stehen – die Gesprächsbereitschaft, die Offenheit im Gespräch, die gemeinsamen Überlegungen zur Situation und zu den Zielen und Werten, die gemeinsam gefundenen „nächsten Schritte", der Austausch über unterschiedliche Sichtweisen und Erfahrungen. Für manche Schüler ist es schon eine große Leistung, im Gespräch geblieben zu sein – und streng genommen können wir als Lehrkräfte eigentlich niemand zu einem Gespräch zwingen. Deshalb muss auch ein Dank für die Gesprächsbereitschaft selbstverständlich sein.

5.6 FIXIERUNG DER GESPRÄCHSERGEBNISSE

In den wenigsten Fällen wird ein Schüler ein Interesse an einer schriftlichen Zusammenfassung der Gesprächsergebnisse haben. Haben Sie aber Vereinbarungen getroffen, die für beide Seiten von Bedeutung sind, sollten Sie diese noch am Ende des Gespräches gemeinsam formulieren und die Formulierung vom Schüler genehmigen lassen. Sie können dazu auch Vorschläge machen, denen der Schüler aber zustimmen muss.

Wenn Sie den Eindruck haben, dass der Schüler jetzt gerne rasch einer Vereinbarung zustimmt, um dem „Gespräch endlich zu entkommen", sollten Sie auf jeden Fall auf einer gemeinsamen Zusammenfassung bestehen und einen Folgetermin vereinbaren (vgl. 6.3).

Wenn Sie diese Notizen nur für sich machen, so lohnt es sich, folgende Aspekte in Stichworten zu notieren:

- Name
- Termin
- Dauer
- Gesprächsanlass
- wichtige Ziele

Kunz/Rauch/Schneider: Schülergespräch und Lernberatung – Das Praxisbuch
© Auer Verlag – AAP Lehrerfachverlage GmbH, Donauwörth

- konkrete Vereinbarungen zu beobachtbaren Verhaltensweisen
- selbst geführtes „Protokoll“ der neuen Verhaltenssituation
- gefundene Unterstützungspartner
- Rückmeldungstermin zum Abgleich der Selbst- und Fremdwahrnehmung und des (Lern)Fortschritts
- sonstige Bemerkungen (dazu könnten insbesondere Anmerkungen zur familiären Situation oder Situation in der Klassengemeinschaft gehören)

5.7 KURZVERSION EINES GESPRÄCHSKONZEPTES

Bei den vorgestellten Leitfäden für ein Gespräch könnten Sie den Eindruck gewinnen, dass solche Gespräche immer sehr lange dauern werden. Dies trifft zu, je komplexer die Problematik ist und je weniger Erfahrung Sie bei der Gesprächsführung haben.
Verfügen Sie über größere Erfahrung in der Gesprächsführung, dann werden Sie meist rasch erkennen, „wo der Hase im Pfeffer liegt“ und wie sie zu einer konstruktiven weiterführenden Vereinbarung kommen.
An einer Schule mit erhöhtem Beratungsbedarf wurde in Zusammenarbeit mit dem Schulpsychologen (Bartscher 2012) ein Raster für ein „Kurzgespräch“ entworfen, das mit einiger Übung in 10–15 Minuten Dauer erfolgreich zu Ende geführt werden kann.

Die wichtigsten Abschnitte finden Sie in KV 15, S. 83.

Hierzu noch einige Anmerkungen.

Sie beginnen das Gespräch mit einer üblichen Gesprächseröffnung (vgl. 4.2.3) und stellen einen guten Kontakt durch bestätigendes aktives Zuhören und Reflektieren her (Affirmieren). Dann nennen Sie eine Beobachtung beim Schüler, die Sie als wertvoll und gut beschreiben können (kurz: Loben). Daran anschließend schlagen Sie ihm vor, über Optimierungen in einem Verhaltensbereich gemeinsam nachzudenken. Dabei ist es wichtig, an das „Loben“ nicht mit einem „Aber“ anzuschließen (Dies gefällt mir gut , aber ...). Denn in der Wahrnehmung eines Zuhörers bedeutet ein „aber“ immer, dass das bisher Genannte abgewertet (‚Nicht so wichtig, das Wichtige kommt erst noch!‘) und damit der hergestellte gute Kontakt wieder zerstört wird. Ein „Und“ lässt beides gleichwertig nebeneinander stehen und wirkt weiterführend.

Wenn Sie zum Abschnitt „Optimieren“ einen Konsens gefunden haben, werden Sie in der Regel noch eine „Vereinbarung zur Beobachtung des Fortschritts“ (Kontrollvereinbarung) aushandeln.

Nur in sehr extremen Fällen können Sie nach der Optimierungsphase und dem gefundenen Konsens noch eine Konfrontationsphase einfügen: (Und das Verhalten vor zwei Tagen fand ich ganz unmöglich – und wie siehst du das heute?)

KV 12

Aktivität Lenkung	Gesprächsverhalten des Lehrers, der Lehrerin	
Wenig	1. nonverbales Zuhören	***Zeigt sich durch:*** Blickkontakt, Kopfnicken, Lächeln, zugewandte Körperhaltung, Äußerungen wie „mh“, „aha“, „aja“, „so“ usw. *Bedeutung:* Die nonverbalen Signale zeigen dem Gesprächspartner, dass die Bereitschaft vorhanden ist, zuzuhören und zu verstehen. ***Einsatzsituationen:*** Immer dann, wenn Schüler von sich aus erzählen, Situationen schildern, ihre Sichtweise erläutern, ihr Anliegen vorbringen. ***Grenzen:*** Wenn Schüler zu ausführlich, zu ausufernd oder unzusammenhängend und unstrukturiert reden, besteht die Gefahr, dass der Überblick verloren geht, der „Faden verloren wird“ und Verwirrung entsteht.
	2. umschreibendes Zuhören (Paraphrasieren)	***Zeigt sich durch:*** Lehrer gibt das Gesagte des Gesprächspartners mit eigenen Worten wieder (Umschreiben) wie z. B.: „Verstehe ich dich richtig, dass ...“, „Du meinst also, wenn ...“, „Dir ist wichtig, dass ...“, „Was du sagst, verstehe ich so ...“, usw. ***Bedeutung:*** Die Schüler können erkennen, dass ihre Aussagen verstanden wurden. Missverständnisse können damit sofort beseitigt werden. ***Einsatzsituationen:*** Immer dann, wenn Schüler ihre Sicht einer Situation darstellen. ***Grenzen:*** Wenn diese Phase zu lange anhält oder die Schüler zum „Abschweifen und Ablenken“ neigen, besteht die Gefahr, dass das Ziel und die Lösung aus dem Blick geraten. Die Wiederholungen der Schüleraussagen können echohaft klingen.
	3. aktives Zuhören (verbalisieren emotionaler Erlebnisinhalte)	***Zeigt sich durch:*** Nachfragen wie: „Du hast das Gefühl, dass ...?“, „Du bist (z. B. verärgert, traurig, glücklich, enttäuscht, usw.)?“ „Aus deiner Perspektive ...?“, „Du meinst ...?“ usw. Achtung: Nur in fragender Formulierung, nicht als unumstößliche Feststellung. ***Bedeutung:*** Lehrer hilft dem Gesprächspartner, seine unklar geäußerten Gefühle, Wünsche, Befürchtungen deutlicher zum Ausdruck zu bringen, und trägt damit zur Klärung der Bedeutung einer Aussage bei, wenn Irritationen aufgrund doppeldeutiger Aussagen entstehen. Der Lehrer kann damit überprüfen, ob seine Wahrnehmung und Interpretation der Schüleraussage richtig ist. ***Grenzen:*** Manche Schüler möchten/können über manche Gefühle nicht sprechen. Dies sollte der Lehrer respektieren.
	4. Zusammenfassen – Strukturieren	***Zeigt sich durch:*** Äußerungen wie: „Als wichtige Punkte in unserem Gespräch habe ich wahrgenommen“ ... Siehst du dies genauso? ***Bedeutung:*** Es ist eine Möglichkeit, einen Redeschwall zu unterbrechen und ausufernde Erzählungen zu fokussieren. ***Einsatzsituationen:*** Immer wenn wichtige Gesprächsziele wie Situationsklärung und Zielformulierung verloren gehen.

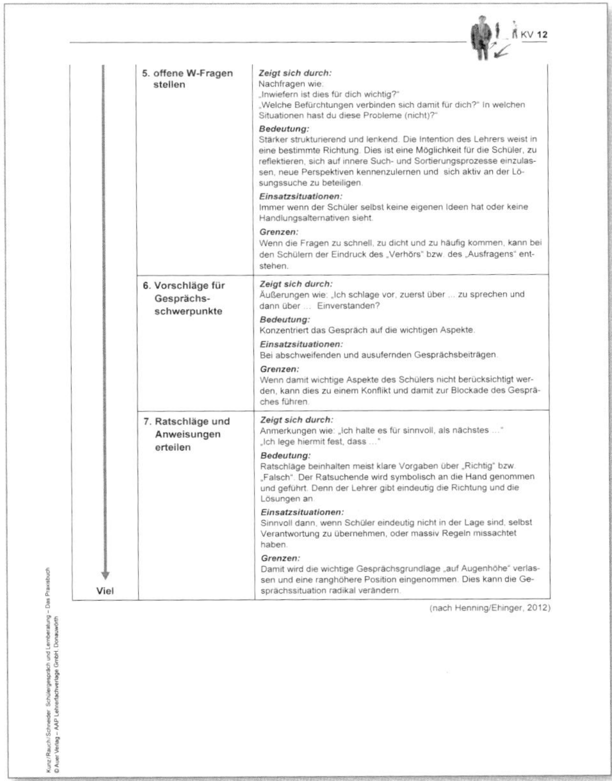

KV 12

	5. offene W-Fragen stellen	***Zeigt sich durch:*** Nachfragen wie: „Inwiefern ist dies für dich wichtig?“ „Welche Befürchtungen verbinden sich damit für dich?“ In welchen Situationen hast du diese Probleme (nicht)?“ ***Bedeutung:*** Stärker strukturierend und lenkend. Die Intention des Lehrers weist in eine bestimmte Richtung. Dies ist eine Möglichkeit für die Schüler, zu reflektieren, sich auf innere Such- und Sortierungsprozesse einzulassen, neue Perspektiven kennenzulernen und sich aktiv an der Lösungssuche zu beteiligen. ***Einsatzsituationen:*** Immer wenn der Schüler selbst keine eigenen Ideen hat oder keine Handlungsalternativen sieht. ***Grenzen:*** Wenn die Fragen zu schnell, zu dicht und zu häufig kommen, kann bei den Schülern der Eindruck des „Verhörs“ bzw. des „Ausfragens“ entstehen.
	6. Vorschläge für Gesprächsschwerpunkte	***Zeigt sich durch:*** Äußerungen wie: „Ich schlage vor, zuerst über ... zu sprechen und dann über ... Einverstanden? ***Bedeutung:*** Konzentriert das Gespräch auf die wichtigen Aspekte. ***Einsatzsituationen:*** Bei abschweifenden und ausufernden Gesprächsbeiträgen. ***Grenzen:*** Wenn damit wichtige Aspekte des Schülers nicht berücksichtigt werden, kann dies zu einem Konflikt und damit zur Blockade des Gespräches führen.
Viel	7. Ratschläge und Anweisungen erteilen	***Zeigt sich durch:*** Anmerkungen wie: „Ich halte es für sinnvoll, als nächstes ...“ „Ich lege hiermit fest, dass ...“ ***Bedeutung:*** Ratschläge beinhalten meist klare Vorgaben über „Richtig“ bzw. „Falsch“. Der Ratsuchende wird symbolisch an die Hand genommen und geführt. Denn der Lehrer gibt eindeutig die Richtung und die Lösungen an. ***Einsatzsituationen:*** Sinnvoll dann, wenn Schüler eindeutig nicht in der Lage sind, selbst Verantwortung zu übernehmen, oder massiv Regeln missachtet haben. ***Grenzen:*** Damit wird die wichtige Gesprächsgrundlage „auf Augenhöhe“ verlassen und eine ranghöhere Position eingenommen. Dies kann die Gesprächssituation radikal verändern.

(nach Henning/Ehinger, 2012)

Kunz/Rauch/Schneider: Schülergespräch und Lernberatung – Das Praxisbuch
© Auer Verlag – AAP Lehrerfachverlage GmbH, Donauwörth

Tab. 8: Gesprächsverhalten des Lehrers, der Lehrerin (s. **KV 12**, Materialsammlung S. 79/80 und auf der CD)

Kunz/Rauch/Schneider: Schülergespräch und Lernberatung – Das Praxisbuch
© Auer Verlag – AAP Lehrerfachverlage GmbH, Donauwörth

KV 13

Regeln für hilfreiches Feedback

Francis/Young (1989) haben Feedback-Regeln aufgelistet, die wir nachfolgend zusammengefasst haben (nach: H. Meidinger: Stärke durch Offenheit).

1. **Hilfreiches Feedback soll einfühlsam sein**

   Wirksames Feedback verlangt vom Geber Rücksichtnahme und Einfühlungsvermögen – es soll der anderen Person helfen und nicht wehtun. Feedback ist von Nutzen, wenn es jemandem hilft, sich selbst zu verstehen, ihm hilft, seine Wirkung auf andere zu verstehen.

2. **Hilfreiches Feedback soll kontrolliert sein**

   Es ist wichtig, auf das eigene Verhalten zu achten, wenn man Feedback gibt. So ist gewährleistet, dass die Kommunikation in beiden Richtungen verläuft und nicht an der Oberfläche bleibt.

3. **Hilfreiches Feedback soll vom Empfänger gewollt sein**

   Feedback ist am effektivsten, wenn der Empfänger darum gebeten hat. So entstehen eine gemeinsame Vertrauensbasis und ein persönlicher Rahmen. Die Hauptaufmerksamkeit sollte den Bedürfnissen und Wünschen dessen gelten, der Feedback empfängt.

4. **Hilfreiches Feedback soll konkret sein**

   Gutes Feedback ist spezifisch und bezieht sich auf bestimmte Ereignisse und konkrete Verhaltensweisen. Es ist kein „Um-den-Brei-herumreden“.

5. **Hilfreiches Feedback soll voll zum Ausdruck kommen**

   Beim Feedback müssen auch die Gefühle zum Ausdruck kommen, sodass der Empfänger die Wirkung seines Verhaltens einschätzen kann. Feedback ist mehr als nur die Schilderung von „nackten“ Fakten.

6. **Hilfreiches Feedback soll nicht mit Werturteilen durchsetzt sein**

   Meist ist es nicht sinnvoll, Feedback mit Urteilen und Wertungen zu verbinden. Im Feedback wird die Situation so beschrieben, wie sie der Feedback-Geber wahrnimmt. Die Wertung wird der Person des Empfängers überlassen. Im Feedback schildern wir genau das tatsächliche Verhalten, das der andere zeigte, so wie wir es wahrgenommen haben. Wir vermeiden dabei Interpretationen.

7. **Hilfreiches Feedback soll zeitlich abgestimmt sein**

   Feedback wirkt am besten, wenn der Empfänger aufnahmebereit ist und der zeitliche Abstand zu den besprochenen Vorgängen so eng ist, dass sie noch frisch im Gedächtnis haften.

8. **Hilfreiches Feedback soll ohne weiteres in die Tat umsetzbar sein**

   Das beste Feedback konzentriert sich auf Verhaltensweisen, die vom Empfänger verändert werden können. Wenig sinnvoll ist ein Feedback, das Dinge betrifft, auf die der Empfänger keinen Einfluss hat.

Tab. 9: Regeln für hilfreiches Feedback
(s. **KV 13**, Materialsammlung S. 81 und auf der CD)

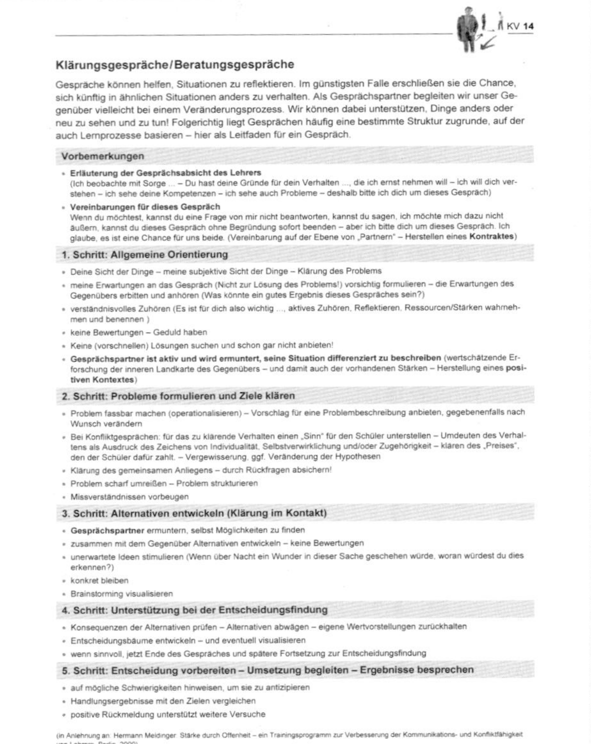

KV 14

Klärungsgespräche/Beratungsgespräche

Gespräche können helfen, Situationen zu reflektieren. Im günstigsten Falle erschließen sie die Chance, sich künftig in ähnlichen Situationen anders zu verhalten. Als Gesprächspartner begleiten wir unser Gegenüber vielleicht bei einem Veränderungsprozess. Wir können dabei unterstützen, Dinge anders oder neu zu sehen und zu tun! Folgerichtig liegt Gesprächen häufig eine bestimmte Struktur zugrunde, auf der auch Lernprozesse basieren – hier als Leitfaden für ein Gespräch.

Vorbemerkungen

- **Erläuterung der Gesprächsabsicht des Lehrers**
  (Ich beobachte mit Sorge ... – Du hast deine Gründe für dein Verhalten ..., die ich ernst nehmen will – ich will dich verstehen – ich sehe deine Kompetenzen – ich sehe auch Probleme – deshalb bitte ich dich um dieses Gespräch)
- **Vereinbarungen für dieses Gespräch**
  Wenn du möchtest, kannst du eine Frage von mir nicht beantworten, kannst du sagen, ich möchte mich dazu nicht äußern, kannst du dieses Gespräch ohne Begründung sofort beenden – aber ich bitte dich um dieses Gespräch. Ich glaube, es ist eine Chance für uns beide. (Vereinbarung auf der Ebene von „Partnern“ – Herstellen eines **Kontraktes**)

1. Schritt: Allgemeine Orientierung

- Deine Sicht der Dinge – meine subjektive Sicht der Dinge – Klärung des Problems
- meine Erwartungen an das Gespräch (Nicht zur Lösung des Problems!) vorsichtig formulieren – die Erwartungen des Gegenübers erbitten und anhören (Was könnte ein gutes Ergebnis dieses Gespräches sein?)
- verständnisvolles Zuhören (Es ist für dich also wichtig ..., aktives Zuhören, Reflektieren, Ressourcen/Stärken wahrnehmen und benennen)
- keine Bewertungen – Geduld haben
- Keine (vorschnellen) Lösungen suchen und schon gar nicht anbieten!
- **Gesprächspartner ist aktiv und wird ermuntert, seine Situation differenziert zu beschreiben** (wertschätzende Erforschung der inneren Landkarte des Gegenübers – und damit auch der vorhandenen Stärken – Herstellung eines **positiven Kontextes**)

2. Schritt: Probleme formulieren und Ziele klären

- Problem fassbar machen (operationalisieren) – Vorschlag für eine Problembeschreibung anbieten, gegebenenfalls nach Wunsch verändern
- Bei Konfliktgesprächen: für das zu klärende Verhalten einen „Sinn“ für den Schüler unterstellen – Umdeuten des Verhaltens als Ausdruck des Zeichens von Individualität, Selbstverwirklichung und/oder Zugehörigkeit – klären des „Preises“, den der Schüler dafür zahlt. – Vergewisserung, ggf. Veränderung der Hypothesen
- Klärung des gemeinsamen Anliegens – durch Rückfragen absichern!
- Problem scharf umreißen – Problem strukturieren
- Missverständnissen vorbeugen

3. Schritt: Alternativen entwickeln (Klärung im Kontakt)

- **Gesprächspartner** ermuntern, selbst Möglichkeiten zu finden
- zusammen mit dem Gegenüber Alternativen entwickeln – keine Bewertungen
- unerwartete Ideen stimulieren (Wenn über Nacht ein Wunder in dieser Sache geschehen würde, woran würdest du dies erkennen?)
- konkret bleiben
- Brainstorming visualisieren

4. Schritt: Unterstützung bei der Entscheidungsfindung

- Konsequenzen der Alternativen prüfen – Alternativen abwägen – eigene Wertvorstellungen zurückhalten
- Entscheidungsbäume entwickeln – und eventuell visualisieren
- wenn sinnvoll, jetzt Ende des Gespräches und spätere Fortsetzung zur Entscheidungsfindung

5. Schritt: Entscheidung vorbereiten – Umsetzung begleiten – Ergebnisse besprechen

- auf mögliche Schwierigkeiten hinweisen, um sie zu antizipieren
- Handlungsergebnisse mit den Zielen vergleichen
- positive Rückmeldung unterstützt weitere Versuche

(in Anlehnung an: Hermann Meidinger: Stärke durch Offenheit – ein Trainingsprogramm zur Verbesserung der Kommunikations- und Konfliktfähigkeit von Lehrern. Berlin, 2000)

Tab. 10: Klärungsgespräche/Beratungsgespräche
(s. **KV 14**, Materialsammlung S. 82 und auf der CD)

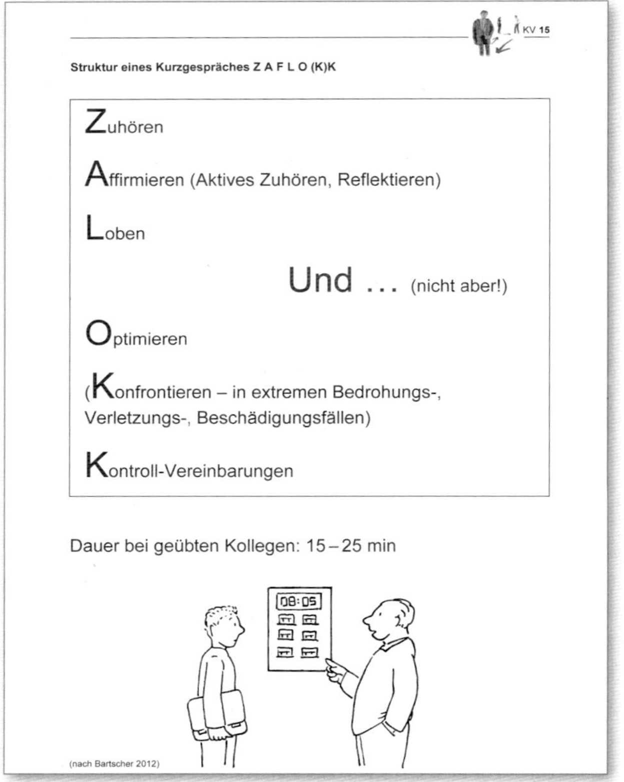

KV 15

Struktur eines Kurzgespräches Z A F L O (K)K

Zuhören

Affirmieren (Aktives Zuhören, Reflektieren)

Loben

Und ... (nicht aber!)

Optimieren

(Konfrontieren – in extremen Bedrohungs-, Verletzungs-, Beschädigungsfällen)

Kontroll-Vereinbarungen

Dauer bei geübten Kollegen: 15–25 min

(nach Bartscher 2012)

Tab. 11: Struktur eines Kurzgespräches Z A F L O (K)K
(s. **KV 15**, Materialsammlung S. 83 und auf der CD)

Kunz/Rauch/Schneider: Schülergespräch und Lernberatung – Das Praxisbuch
© Auer Verlag – AAP Lehrerfachverlage GmbH, Donauwörth

6. NACHBEREITUNG VON GESPRÄCHEN *(Norbert Rauch)*

6.1 REFLEXION DES GESPRÄCHSVERLAUFS

Die Leitung eines Schülergespräches – gerade auch mit „schwierigen" Schülern – erfordert höchste Konzentration. Denn einerseits ist es notwendig, dem Schüler intensiv zuzuhören, den Inhalt seiner Aussagen, aber auch den Tonfall und die Körpersprache wahrzunehmen, um sich so besonders gut in den Schüler „hineindenken" zu können. Dies ermöglicht Ihnen, durch sorgfältig abgestimmtes aktives Zuhören, Reflektieren und „Verflüssigen von verfestigten Sichtweisen" das Gespräch zu intensivieren und so die Denk- und Handlungsmuster des Schülers noch besser zu verstehen. Andererseits dürfen Sie Ihre Gesprächsstrategie und Ihre Ziele nicht aus den Augen verlieren – und dies alles in einem vertretbaren Zeitraum. Denn Sie haben nicht beliebig viel Zeit – und der Schüler vielleicht auch nicht.

Aus diesem Grund kann es vorkommen, dass im Laufe des Gespräches nicht alle wichtigen Hinweise wahrgenommen wurden – die aber bei einem Rückblick auf das Gespräch sehr wohl als „Ungereimtheit" auffallen könnten. Deshalb lohnt es sich, das Gespräch vor dem geistigen Auge noch einmal vorbeiziehen zu lassen – vor dem Hintergrund folgender Fragen:

- Ist es mir gelungen, einen guten Kontakt zum Schüler herzustellen und eine offene und vertrauensvolle Atmosphäre herzustellen? An welchen Gesprächspunkten habe ich eine gewisse Zurückhaltung oder gar ein Abblocken bemerkt? Wie war in diesem Punkte meine Frage/Bemerkung und wie die Reaktion des Schülers?
- Wie offen war der Austausch über die Sicht der Situation, die Ressourcen des Schülers sowie die Ziele/Werte? Hat der Schüler eine reelle Einschätzung der Situation, seines Verhaltens und seiner Ziele?
- Gab es Situationen, in denen man vermuten konnte, dass der Schüler nicht offen sprechen konnte/wollte?
- Wie „harmonisch" verlief die Vereinbarung von nächsten Schritten? Wie gut war es möglich, zu einer Vereinbarung zu kommen?
- Hat das Gespräch weitere wichtige Informationen über den Kontext des Schülerverhaltens geliefert, die eventuell noch durch Nachfragen beim Schüler oder bei Eltern/Kollegen gesichert werden müssten?

Die Erfahrung zeigt, dass das „Bauchgefühl" gute Hinweise auf eventuelle Unstimmigkeiten in einem Gespräch geben kann, die durch Reflexion und Nachfragen auf eine sicherere Grundlage gestellt werden können. Die Ergebnisse dieser Reflexion könnten in ein fortsetzendes Gespräch einfließen – oder im Gespräch über die Ergebnisse bzw. Einhaltung von Vereinbarungen nützlich sein.

Ferner hilft Ihnen eine solche Reflexion auch dabei, „Schwachstellen" Ihrer Beratungskompetenz zu erkennen und sich anhand dieses konkreten Beispiels Handlungsalternativen zu erarbeiten. Natürlich wird Ihnen die genau gleiche Situation in einem Gespräch nicht noch einmal begegnen, aber ähnliche Situationen sehr wohl. Wenn es Ihnen also um die Erweiterung Ihrer Handlungskompetenz im Bereich Gesprächsführung geht, dann lohnt es sich, sich solche Situationen – z. B. bestimmte Reaktionen von Ihnen auf bestimmte Schüleräußerungen – zu merken – als Hinweise auf „Weggabelungen" in Ihrem Verhalten. So können Sie neue und alternative Verhaltensmuster eintrainieren, die für Ihre Gesprächsführung von Vorteil sind.

6.2 MITTEILUNGEN AN KOLLEGEN, ELTERN, MITSCHÜLER

In vielen Fällen ist die Klärung einer Situation zwischen Ihnen und dem Schüler die wichtigste Aufgabe eines Gespräches. In diesem Fall ist keine Mitteilung an andere erforderlich.

Tangierte aber das Verhalten des Schülers nachhaltig die Klassengemeinschaft, so muss diese über das Gesprächsergebnis informiert werden. Allerdings sollten Sie dies nur nach sorgfältiger Absprache mit dem Schüler tun. Andernfalls besteht die Gefahr, den Schüler als vielleicht „reuigen Übeltäter" vor der Klasse darzustellen – und damit ein „neues Problem" zu schaffen, statt ein altes zu lösen. Da sich die „Sprachwelten" von Lehrkräften und Schülern sehr unterscheiden können, sollten Sie sich, z. B. bei Jugendlichen in der Pubertät, auf eine konkrete Formulierung einigen und darauf, wer diese vorträgt. Es hat viele Vorteile, wenn dies der Schüler übernimmt, viele werden dazu aber nicht bereit sein.

Wenn das Thema des Gespräches eher in den Bereich persönliche Entwicklung fällt und dazu entsprechende Vereinbarungen getroffen wurden, dann ist es sinnvoll, die Kollegen – nach Rücksprache mit dem Schüler – darüber zu informieren. Nur so können sie seine Bemühungen wahrnehmen und ihm gegenüber wertschätzend zur Kenntnis nehmen – als wichtigen Beitrag zu seiner persönlichen Entwicklung.

Eine Benachrichtigung der Eltern ist gerade bei jüngeren Schülern sinnvoll, bei älteren sollten Sie dies nur mit Einwilligung des Schülers tun. In diesem Kontext können Sie bei den Eltern dafür werben, die Bemühungen des Schülers zur Kenntnis zu nehmen und ihn durch wohlmeinende Nachfragen zu unterstützen.

Kunz/Rauch/Schneider: Schülergespräch und Lernberatung – Das Praxisbuch
© Auer Verlag – AAP Lehrerfachverlage GmbH, Donauwörth

6.3 ÜBERPRÜFUNG DER ERGEBNIS-UMSETZUNG

Bei allen Gesprächen mit einer Zielvereinbarung muss es Folgegespräche geben, um die Bedeutung von Vereinbarungen zu unterstreichen. Dies ist bei manchen Schülern wichtig, um nicht den Eindruck entstehen zu lassen: „Wir haben etwas vereinbart – und das war das Wichtigste – und damit ist alles erledigt". In diesem Fall wäre die Vereinbarung nur eine kurze, durch die Sachzwänge erzwungene „Verbeugung vor den Autoritäten" – um aus dem Gespräch herauszukommen –, aber nicht eine wirkliche Vereinbarung mit dem Ziel einer Verhaltensänderung. Wenn Sie diesen Verdacht haben, dann sollten Sie einen baldigen Termin vereinbaren – und besonders sorgfältig auf die Einhaltung achten.

Allerdings: Auch wenn Sie eine solche Vermutung haben, sollten Sie dem Schüler im Gesprächseinstieg unterstellen, dass er großes Interesse an einer Änderung der Situation und damit seines Verhaltens hat. Nur so können Sie ihn – ohne Bewertung durch Sie – die Diskrepanz zwischen seinen Worten und seinen Taten beschreiben lassen und bringen ihn so in Reflexions- und Argumentationszwang. Für das weitere Vorgehen gelten auch in diesem Fall die Überlegungen wie unten beschrieben.

Bei einem Schüler, der selbst ein großes Interesse an einer positiven Entwicklung hat, ist die wichtigste Aufgabe eines „reflektierenden Folgegespräches" die gemeinsame Wahrnehmung der (ersten) Fortschritte. Denn viele Schüler haben wenige Erfahrungen mit einem systematischen Training zur Veränderung von Verhaltensmustern und haben deshalb die unreflektierte Vorstellung, es müsste durch eine einmalige „Willensentscheidung" in allen Situationen alles besser werden. In Wirklichkeit bewirken erst die immer wieder durchgeführte „neue Handlung" und deren Reflektion eine emotionale positive Bewertung des Verhaltens und damit eine nachhaltige Verankerung im Verhaltensrepertoire (vgl. Pädagogischer Doppeldecker, S. 23).

KV **16**

Selbstreflexion im direkten Anschluss an ein Gespräch

- Ist es mir gelungen, einen guten Kontakt zum Schüler und eine offene und vertrauensvolle Atmosphäre herzustellen?
- An welchen Gesprächspunkten habe ich eine gewisse Zurückhaltung oder gar ein Abblocken bemerkt? Wie war in diesem Punkt meine Frage/Bemerkung und wie die Reaktion des Schülers?
- Wie offen war der Austausch über die Sicht der Situation, die Ressourcen des Schülers sowie die Ziele/Werte? Hat der Schüler eine reelle Einschätzung der Situation, seines Verhaltens und seiner Ziele?
- Gab es Situationen, in denen man vermuten konnte, dass der Schüler nicht offen sprechen konnte/wollte?
- Wie „harmonisch" verlief die Vereinbarung von nächsten Schritten? Wie gut war es möglich, zu einer Vereinbarung zu kommen?
- Hat das Gespräch weitere wichtige Informationen über den Kontext des Schülerverhaltens geliefert, die eventuell noch durch Nachfragen beim Schüler oder bei Eltern/Kollegen gesichert werden müssten?

Tab. 12: Selbstreflexion im direkten Anschluss an ein Gespräch (s. **KV 16**, Materialsammlung S. 84 und auf der CD)

Kunz/Rauch/Schneider: Schülergespräch und Lernberatung – Das Praxisbuch
© Auer Verlag – AAP Lehrerfachverlage GmbH, Donauwörth

7. OPTIMIERUNG DER EIGENEN GESPRÄCHS- UND BERATUNGSKOMPETENZ

7.1 GESPRÄCHS- UND BERATUNGSBEDARF AUFMERKSAM WAHRNEHMEN

(Jost Schneider)

Wenn Kinder oder Jugendliche etwas zu besprechen haben, wenden sie sich natürlicherweise zunächst an die ihnen vertrauten primären Bezugspersonen. Je nach Alter können das die Eltern, die Geschwister, die Freunde oder sonstige nahestehende Personen sein. Oft wird dies auch völlig genügen. Doch in manchen Fällen sind die Eltern oder Freunde mit ihrem Latein schnell am Ende, und dann muss das Expertenwissen von professionellen Helfern in Anspruch genommen werden.

Ob Sie als Lehrer hierbei überhaupt in Betracht gezogen werden, hängt ganz wesentlich davon ab, wie leicht Sie es Ihren Schülern machen, sich in schulischen oder persönlichen Angelegenheiten an Sie zu wenden. Dabei lautet die wichtigste Grundregel, dass Sie auf keinen Fall versuchen sollten, selbst in den Kreis der primären Bezugspersonen des Kindes aufgenommen zu werden, um auf diesem quasi privaten Weg das Vertrauen des Kindes zu erlangen. Vielmehr ist hier die geeignete Mischung aus Distanz und Nähe gefragt, die es Ihnen ermöglicht, Ihr Expertenwissen und Ihre Beratungskompetenz in professionellem Rahmen zu vermitteln.

Versuchen Sie also nicht, der beste Freund Ihrer Schüler zu sein, sondern bieten Sie gezielt ein weites Spektrum an Gesprächs- und Beratungsmöglichkeiten an! Und vor allem: Machen Sie diese Möglichkeiten auch in wirksamer Form bekannt und beschreiben Sie in regelmäßigen Abständen im Unterricht, welche Angebote Sie machen und wie eine solche Besprechung oder Beratung bei Ihnen konkret abläuft!

Bitte also nicht nur alle paar Monate ein unauffälliges Zettelchen ans Schwarze Brett heften, auf dem „Schülersprechstunde Meyer: 17.4., 16-17" zu lesen ist! Vielmehr sollten Sie im Unterricht ausdrücklich erwähnen, dass Sie gerne für Gespräche zur Verfügung stehen, und es kann auch nicht schaden, regelmäßig Anmeldelisten für Ihre Schülersprechstunden herumgehen zu lassen und gelegentlich mit den Schülern zu erörtern, wie und wo man sich ansonsten dazu anmelden kann, wie man sich sinnvoll auf einen solchen Gesprächstermin vorbereitet und wie ein solches Gespräch abläuft. Manche Kollegen üben derartige Gespräche sogar in Form gelegentlicher Rollenspiele ein.

Wichtig ist in jedem Fall eine gewisse Verstetigung und Ritualisierung der Gesprächsangebote. Jedenfalls kommt kaum ein konkretes Gespräch zustande, wenn Sie nur ganz allgemein betonen, für jeden „immer ein offenes Ohr zu haben". Denn Sie können diesem Anspruch im stressigen Arbeitsalltag sowieso nicht gerecht werden und tun mit einer solchen Äußerung auch nichts Konkretes zum Abbau der Hemmungen bei jenen, die sich bei Problemen nur an ihre vertrauten Bezugspersonen wenden und nicht weiter fragen, wenn selbige ihnen nicht helfen können.

Ist es in Ihren Klassen eine Selbstverständlichkeit, dass man zu Ihnen zum Gespräch kommt, können Sie auch leichter mal ganz gezielt einen Schüler auffordern, zu Ihrer nächsten Sprechstunde zu kommen, wenn Sie den Eindruck haben, dass es etwas zu besprechen gibt. Es ist dann „keine große Sache", sich bei Ihnen in die Sprechstundenliste einzutragen, d. h. die Wahrscheinlichkeit ist größer, dass auch jene Gesprächsangebote genutzt werden, die Sie aus speziellen Anlässen gezielt an bestimmte Schüler richten.

7.2 ANGEMESSENE GESPRÄCHSFORM SOUVERÄN AUSWÄHLEN *(Jost Schneider)*

Vom spontanen kurzen Pausenhofgespräch über das Einzelgespräch am Rande der Unterrichtsstunde bis hin zum großen Beratungsgespräch mit Sondertermin gibt es eine Vielzahl von Gesprächsformen, die Sie alle nutzen sollten (s. Kap. 3). Intuitiv hat man meistens eine Idee, welche dieser Formen für welches Thema geeignet ist. Doch leider kommt es in der Praxis immer wieder vor, dass Gesprächsform und -inhalt nicht zueinanderpassen. In zwei Minuten auf dem Flur erzählt Ihnen plötzlich ein Schüler, dass seine alleinerziehende Mutter lebensbedrohlich an Krebs erkrankt ist. Und umgekehrt setzt Ihnen in der Sprechstunde ein Schüler 20 Minuten lang umständlich auseinander, wie er seine letzte Klausur berichtigt hat.

Zögern Sie in solchen Fällen nicht, den geeigneten Rahmen herzustellen („Das ist sicherlich eine schwierige Situation für dich. Ich würde gerne etwas ausführlicher mit dir darüber sprechen! Bitte trage dich doch in die Liste für meine nächste Schülersprechstunde ein!") bzw. die überschüssigen Energien umzuleiten („Das erkläre ich dir kurz nach der nächsten Unterrichtsstunde!"). Lassen Sie sich also nicht vorschreiben, für wen oder für welches Thema Sie wie viel Zeit opfern! Und geben Sie auch nicht der Versuchung nach, ausführlich mit sympathischen Schülern über nichtige Kleinigkeiten zu plaudern und gleichzeitig die schweren, unangenehmen Gespräche in fünf Minuten auf dem zugigen Flur zu erledigen!

Um eine Struktur in die Sache zu bringen, können Sie Ihre Anmeldelisten in zwei Termingruppen unterteilen. Zunächst kommen die fünfminütigen Kurztermine und danach die fünfzehnminütigen Langtermine. In einer separaten Spalte kann außerdem (freiwillig) der Gesprächsanlass eingetragen werden:

Kunz/Rauch/Schneider: Schülergespräch und Lernberatung – Das Praxisbuch
© Auer Verlag – AAP Lehrerfachverlage GmbH, Donauwörth

KV **17**

Sprechstundenliste mit Kurz- und Langterminen

Termin	Name	Klasse	Anlass/Thema
14:00–14:05			
14:05–14:10			
14:10–14:15			
14:15–14:30			
14:30–14:45			
14:45–15:00			

Abb. 18: Sprechstundenliste mit Kurz- und Langterminen (s. **KV 17**, Materialsammlung S. 85 und auf der CD)

Eine souveräne Auswahl der jeweils angemessenen Gesprächsform setzt natürlich voraus, dass Sie sorgsam unterscheiden zwischen jenen Fällen, in denen die Initiative vom Schüler ausgehen kann, und jenen anderen Fällen, in denen Sie Ihrerseits aktiv werden und den Schüler ausdrücklich zu einem Gespräch einladen sollten. Das wäre beispielsweise dann zu empfehlen, wenn der betreffende Schüler sehr schüchtern ist, keine gute Beziehung zu Ihnen hat oder etwas vertuschen möchte, das Sie nicht auf sich beruhen lassen können. Zögern Sie dann nicht, einen Gesprächstermin anzuberaumen, auch wenn Sie wissen, dass das Gespräch schwierig oder für den Schüler (und eventuell auch für Sie selbst) vermutlich ziemlich unangenehm werden wird. Auch wenn es zunächst Selbstüberwindung kostet: Einem der Sachlage nach fälligen Gespräch aus dem Wege zu gehen, ist keine Lösung und rächt sich fast immer durch eine Zuspitzung der totgeschwiegenen Probleme oder Konflikte!

7.3 KOMMUNIKATIONSSTIL IM HINBLICK AUF GESPRÄCHSPARTNER UND -ANLASS VARIIEREN *(Jost Schneider)*

Mit einem Kumpel sprechen wir anders als mit einem Vorgesetzten und bei einer Trauerfeier anders als bei einer Party. Sowohl in Wortwahl und Satzbau als auch in Sprechtempo, Lautstärke, Gestik, Mimik und vielen anderen Aspekten passen wir nach Möglichkeit unseren gesamten Kommunikationsstil unseren jeweiligen Gesprächspartnern und -anlässen an.

Dabei können Pannen auftreten, wenn wir eine Situation falsch einschätzen oder wenn das Spektrum der uns zur Verfügung stehenden Ausdrucksmöglichkeiten so verengt ist, dass keine Verständigungsgrundlage hergestellt werden kann. Es ist deshalb sinnvoll, dieses Spektrum nach und nach immer weiter auszubauen, so dass man in allen Situationen, mit denen man häufig konfrontiert wird, die „passende“ Ausdrucksform findet.

Kunz/Rauch/Schneider: Schülergespräch und Lernberatung – Das Praxisbuch
© Auer Verlag – AAP Lehrerfachverlage GmbH, Donauwörth

Bei der Lehrer-Schüler-Kommunikation tritt hierbei die Besonderheit auf, dass einer der Gesprächspartner typischerweise über ein besonders breites und der andere über ein besonders schmales Spektrum an Ausdrucksmöglichkeiten verfügt. In der Regel muss deshalb der Lehrer dem Schüler häufiger entgegenkommen als umgekehrt. Doch wie weit kann und soll man hierbei gehen? Soll ich im Schülergespräch den ggf. arg restringierten Code meines Gegenübers zu übernehmen oder jedenfalls bestmöglich zu imitieren versuchen? Soll ich selbst Schimpfwörter benutzen oder Endsilben verschlucken, wenn der Schüler, mit dem ich sprechen will, dies zu tun pflegt?

Nein. Denn das würde gekünstelt wirken und Zweifel an Ihrer Aufrichtigkeit wecken. Verstellen Sie sich nicht, aber kommen Sie dem Schüler so weit entgegen, wie es Ihnen möglich ist, ohne dass Sie sich dabei verbiegen! Seien Sie dabei nicht ironisch oder herablassend! Benutzen Sie keine Wörter, die sich in Ihrem Mund „fremd anfühlen". Verzichten Sie jedoch auf bildungs- und fachsprachliche Wendungen, die Ihr Gegenüber vermutlich nicht verstehen kann, und lassen Sie erkennen, dass Ihnen aufrichtig an einer echten Verständigung gelegen ist!

Was aber, wenn dies gar nicht der Fall ist? Wenn Sie den Schüler völlig unsympathisch finden oder vielleicht sogar verachten und hassen (weil er beispielsweise brutal und grausam gegenüber seinen Mitschülern gehandelt hat)? Muss ich dann doch den guten Pädagogen mimen und so tun, als könne ich „ohne Ansehen der Person" in das Gespräch eintreten?

Nein. Auch das würde gekünstelt wirken. Bitte benennen Sie in solchen Fällen das Problem, indem Sie in der Ich-Form die Wirkung des Schülers widerspiegeln, ohne an dieser Stelle Vorwürfe und Schuldzuweisungen zu formulieren und ohne sentimental zu werden. Beispiel: „Ich finde, dass wir bisher noch nicht den richtigen Draht zueinander gefunden haben. Ich glaube aber, dass wir uns doch irgendwie verständigen können. Ich möchte jedenfalls gerne mit dir über die Prügelei von gestern sprechen. Denn ich habe noch nicht verstanden, warum du dem xy ins Gesicht geboxt hast." Beenden Sie eine solche Gesprächseröffnung nicht mit einer Frage! Es darf ruhig eine ganze Weile dauern, bis der Schüler dann das Wort ergreift.

Selbst wenn Sie wirklich nicht gut auf den Schüler zu sprechen sein sollten, können Sie wahrscheinlich etwas Derartiges äußern, ohne sich dabei verstellen zu müssen. Und dies kann der Ausgangspunkt für eine offene ehrliche Aussprache sein, in deren Verlauf Sie womöglich mehr erfahren, als wenn Sie sich verstellt oder sich dem Schüler in kumpelhafter Weise in jugendsprachlichem Vokabular genähert hätten („Hey, Alter, was ist da gestern wieder gelaufen aufm Hof?"). Situationsbedingte Variation des Kommunikationsstils meint also nicht die Imitation des Gegenübers, sondern Entgegenkommen ohne Selbstverleugnung.

7.4 ANPASSUNG AN DIE ÄUSSEREN RAHMENBEDINGUNGEN *(Jost Schneider)*

Ernste Beratungsgespräche in Praxen, Ämtern, Therapiezentren u. dgl. finden üblicherweise in eigens dafür bereitgestellten und entsprechend ausgestatteten Besprechungszimmern statt. In Schulen gibt es leider oftmals keine derartigen Räumlichkeiten. Man muss deshalb in der Praxis oft auf Bibliothekszimmer, Sanitätsräume, Kartenlager oder ähnliche, oft recht unwirtliche Lokalitäten ausweichen, um Schülersprechstunden- und Beratungsgespräche zu führen.

Dennoch sollten auch hier einige Grundbedingungen erfüllt sein, die sich günstig auf den Gesprächsverlauf auszuwirken pflegen und die man in folgende drei Einzelpunkte untergliedern kann:

- *Ungestörtheit:* Für die Dauer des Gespräches ist der Raum für andere tabu. An der Tür prangt unübersehbar ein entsprechendes Schild („Bitte nicht stören!"). Ein im Lehrerzimmer aushängender Belegungsplan regelt den Zugriff auf den Raum.
- *Stille:* Es gibt keine störenden Hintergrundgeräusche von draußen oder aus dem Schulgebäude. Ggf. muss auf Tagesrandzeiten ausgewichen werden. Eine zu „kalte" Akustik sollte eventuell durch Teppiche oder Gardinen gedämpft werden.
- *Ambiente:* Es ist nicht zu hell und nicht zu dunkel, nicht zu kalt und nicht zu warm. Die Luft ist frisch und unverbraucht. Es gibt ein Besprechungstischchen (ca. 80 × 80 cm) und zwei gleiche bequeme Polsterstühle. Ein freundliches Bild an der Wand, eine Zimmerpflanze auf der Fensterbank und eine Flasche Mineralwasser mit zwei Gläsern sind ebenso von Vorteil wie ggf. eine Stellwand, mit der man die Besprechungsecke optisch vom Rest des Raumes abteilen kann, sofern darin vergilbte Akten, abgewetzte Sanitätsliegen oder blinkende Kopiergeräte o. dgl. zu finden sind.

Selbst unter ungünstigsten Rahmenbedingungen sollte es mittelfristig möglich sein, eine solche Besprechungsnische (bzw. in größeren Schulen mehrere davon) einzurichten. Lassen Sie sich für längere Schülergespräche nicht in verlärmte Flure oder zugige Treppenhäuser abdrängen! Zum Erfolg eines solchen Gespräches trägt der äußere Rahmen nicht unwesentlich bei, der dem Schüler zudem plastisch vor Augen führt, dass die Beratung eine ganz spezielle, eigenständige Kommunikationssituation von erhöhter Wichtigkeit darstellt.

Bei Flur-, Pausenhof- oder Zwischen-Tür-und-Angel-Gesprächen müssen die Ansprüche naturgemäß reduziert werden. Auch hier sollte man aber versuchen, an jenes Fleckchen in der näheren Umgebung zu treten, das die drei genannten Kriterien noch am ehesten erfüllt. Es kann sich lohnen, auf der Suche nach solchen Inselchen mal gezielt die Umgebung des Lehrerzimmers und der aktuell von Ihnen genutzten Klassenzimmer zu durchmustern.

Kunz/Rauch/Schneider: Schülergespräch und Lernberatung – Das Praxisbuch
© Auer Verlag – AAP Lehrerfachverlage GmbH, Donauwörth

7.5 NEUTRALISIERUNG VON HIERARCHIE-EFFEKTEN *(Jost Schneider)*

Hierarchische Beziehungen zwischen Gesprächspartnern stellen nicht immer und überall ein Kommunikationshindernis dar. Wenn es nur darum geht, eine Sachauskunft einzuholen oder eine Absprache zu treffen, haben der übergeordnete wie auch der untergeordnete Gesprächspartner in der Regel keine Probleme damit, bestehende Rangunterschiede zu akzeptieren und sich entsprechend zu verhalten. Es ist also nicht erforderlich und nicht ratsam, sich als Lehrer in der Kommunikation mit Schülern permanent zu „verkleinern" oder sich gar in kumpelhafter Weise durch Ausdrucksweise oder Bekleidungsstil den Schülern anzubiedern.

Anders verhält es sich allerdings, wenn Sie im Rahmen einer Schülersprechstunde oder eines Beratungsgespräches mit einem Schüler schulische oder private Angelegenheiten besprechen wollen, die vertraulicher Art sind und eine gewisse Einfühlungsbereitschaft erfordern. Einem Schüler, dessen Eltern vor der Scheidung stehen, der sich um seine Versetzung sorgt, der von Rachegelüsten erfüllt ist, der Liebeskummer hat, der sich wegen eines Vergehens schämt oder der ähnliche Probleme hat, kann man nicht mit unbewegter Miene oder demonstrativer Gleichgültigkeit begegnen. Vielmehr muss hier natürlich eine gewisse Empathie gezeigt werden, und zwar wiederum auf der Basis einer aufrichtig-natürlichen Mitmenschlichkeit.

Sie sprechen in solchen Situationen also nicht als Lehrer zu einem Schüler, sondern als Mensch zu einem Mitmenschen, und das erfordert in erster Linie, dass Sie dazu willens und fähig sind, sich gedanklich in die Situation Ihres Gesprächspartners hineinzuversetzen und mit ihm gemeinsam, quasi aus seinem Blickwinkel heraus Problem- und Konfliktlösungen oder Handlungsperspektiven zu entwickeln. Der Rangunterschied zwischen Ihnen und dem Schüler muss in diesen speziellen Beratungssituationen also in der Tat (weitgehend) neutralisiert werden.

Selbstverkleinerung oder Anbiederung wären aber auch hier wieder der falsche Weg. Es nützt dem Schüler nichts, wenn Sie vorgeben, ähnliche Schwierigkeiten wie er selbst oder vielleicht sogar noch größere zu haben. Und es führt auch auf Irrwege, wenn Sie in der Art einer primären Bezugsperson oder eines Freundes mit dem Schüler zu kommunizieren versuchen. Mitmenschlichkeit setzt durchaus keine Fraternisierung voraus! Sie müssen den Schüler nicht einmal mögen, um von Mensch zu Mensch mit ihm sprechen zu können.

Neben einer gedämpften Lautstärke, einer zurückhaltenden Gestik und einer freundlich-zugewandten Mimik spielt hierbei auch das Schweigenkönnen eine sehr bedeutsame Rolle. Reden Sie also nicht im Stile eines nie um einen Rat verlegenen, alle Probleme sofort in eine bestimmte Schublade steckenden und nie aus der Fassung kommenden Profihelfers auf den Schüler ein, sondern lassen Sie ihm Raum, um nach und nach seine Schwierigkeiten selbst zu artikulieren. Machen Sie längere Pausen und lassen Sie die Äußerungen des Schülers bewusst auf sich wirken, auch wenn sie vielleicht in sprachlich ungeschickter Weise vorgetragen werden. Dadurch kann eine ruhige, offene Gesprächsatmosphäre entstehen, in der Rangunterschiede nebensächlich werden.

Um Ihrer Rolle als Berater gerecht zu werden, sollten Sie allerdings gegen Ende des Gespräches unbedingt Handlungsperspektiven eröffnen oder Lösungsmöglichkeiten aufzeigen. Nach einigen Jahren Beratungserfahrung wird man feststellen, dass sich die Probleme bei aller Individualität der konkreten Situation strukturell wiederholen. Man hat dann also tatsächlich eine Reihe an guten Ratschlägen im Hinterkopf, mit denen man dem Schüler weiterhelfen kann. Als Anfänger oder in ganz ungewöhnlichen, neuartigen Fällen kann es einem jedoch passieren, dass einem einfach keine Lösungsmöglichkeit einfällt und dass auch der Schüler selbst nichts ins Gespräch einbringt, was man aufgreifen und positiv verstärken könnte.

In solchen Situationen sollten Sie keinesfalls irgendwelche Pseudolösungen an den Haaren herbeiziehen oder in allgemeine Floskeln und Banalitäten ausweichen. Vielmehr ist es dann ratsam, explizit darauf hinzuweisen, dass es sich um ein ungewöhnliches, schwerwiegendes Problem handelt, über das Sie zunächst noch intensiver nachdenken müssen und über das Sie – sofern der Schüler damit einverstanden ist – mit erfahreneren Kollegen oder externen Hilfsinstanzen reden möchten. Ganz wichtig ist es, dass Sie in einem solchen Fall das Gespräch mit der konkreten Vereinbarung eines Anschlusstermines abschließen, damit der Schüler den Raum in der sicheren Gewissheit verlässt, dass seine Problematik in Bearbeitung und in guten Händen ist. Ihrer Beraterrolle werden Sie also nicht dadurch gerecht, dass Sie immer und überall sofort einen guten Ratschlag aus dem Hut zaubern, sondern durch eine realistische Einschätzung Ihrer eigenen Hilfsmöglichkeiten, durch Ehrlichkeit sowie ggf. durch Einbeziehung erfahrenerer Kollegen oder „Überweisung" an externe Hilfsinstanzen (s. Kap. 7.8).

Es versteht sich, dass darüber hinaus möglichst alle äußeren Anzeichen Ihrer superioren Position eliminiert sein sollten. Wer als Schüler im Sekretariat anklopft und nach fünf Minuten Wartezeit in ein repräsentativ ausgestattetes Chefzimmer geführt wird, wo der Schulleiter oder ein Lehrer für die Dauer der Sprechstunde hinter einem mächtigen Schreibtisch thront und während des Gespräches womöglich beständig auf den E-Mail-Eingang oder auf die Uhr schielt, wird sich Ihnen definitiv nicht anvertrauen, selbst wenn Sie innerlich durchaus bereit wären, im Sinne der besagten Mitmenschlichkeit mit ihm zu kommunizieren!

Kunz/Rauch/Schneider: Schülergespräch und Lernberatung – Das Praxisbuch
© Auer Verlag – AAP Lehrerfachverlage GmbH, Donauwörth

Wenn es darauf ankommt, Stärke und Entschlossenheit zu demonstrieren (z. B. förmliche Androhung der Entlassung von der Schule), kann ein solches überlegen-abweisendes Gehabe selbstverständlich durchaus am Platz sein, ja ein verständnisvoll-mitmenschlicher Ton wäre dann sogar kontraproduktiv. Aber ganz umgekehrt verhält es sich eben, wenn es um jene ernsten oder persönlichen Angelegenheiten geht, die typischerweise im Rahmen einer Schülersprechstunde oder eines Beratungsgespräches verhandelt werden. Nutzen Sie also von der Machtdemonstration bis hin zur offenen vertraulichen Aussprache gezielt und bewusst das ganze Spektrum der Möglichkeiten aus, die Sie haben, um das hierarchische Gefälle zwischen Ihnen und dem Schüler je nach Anlass besonders zu betonen oder aber möglichst weitgehend vergessen zu machen!

7.6 UMGANG MIT SPRACHBARRIEREN

Gesprächspartner, die nicht die gleiche Sprache sprechen, können sich nur bis zu einem gewissen Grad verständigen. Offensichtlich ist dies, wenn wir als Touristen in ein Land reisen, dessen Sprache uns fremd ist. Mithilfe von Gestik und Mimik können wir uns irgendwie durchschlagen, aber ein echter Austausch mit den Einheimischen ist dann unmöglich: Die fremde Sprache wirkt wie eine Barriere, die sich zwischen uns schiebt.

Doch solche Barrieren gibt es nicht nur zwischen den einzelnen Nationalsprachen, sondern auch *innerhalb* des Deutschen. Denn zwei Gesprächspartner, die sich auf Deutsch unterhalten, sprechen deshalb noch lange nicht die gleiche Sprache. Gerade als Lehrer haben Sie tagtäglich mit Menschen zu tun, die offenkundig anders sprechen als Sie selbst. Denn die Kinder und Jugendlichen pflegen erstens ihre eigene sprachliche Varietät (Jugendsprache), reichern zweitens das Deutsche – sofern sie einen Migrationshintergrund haben – mit Elementen aus ihren Herkunftssprachen an (Xenolekte), stammen drittens unter Umständen aus ganz anderen Bildungs- und Gesellschaftsschichten als Sie und lassen dies auch an ihrer Ausdrucksweise erkennen (Soziolekte) und kommen viertens möglicherweise aus einer Region, in der bestimmte Abweichungen von der Standardsprache üblich und allgemein akzeptiert sind (Dialekte).

Muss ich nun aber als Lehrer auch in Sprechstunden oder Beratungsgesprächen immer korrektes Hochdeutsch sprechen, um meinem Auftrag gerecht werden zu können? Wie wir sehen werden, ist dies keineswegs der Fall, aber im Detail unterscheiden sich dabei die vier genannten Fälle beträchtlich von einander.

Und darüber hinaus gibt es eine Reihe von problematischen Denkfiguren und Argumenten, die als Barriere wirken können, egal ob sie in Standardsprache, Jugendsprache, Xenolekt, Soziolekt oder Dialekt ausformuliert werden. Diese jede Verständigung unterbindenden und deshalb in Beratungsgesprächen unbedingt zu vermeidenden Blockadeformulierungen werden am Ende von Kapitel 7.6 behandelt.

☐ JUGENDSPRACHE, XENOLEKTE, SOZIOLEKTE, DIALEKTE *(Jost Schneider)*

Wie soll man als Lehrer mit Abweichungen von der Standardsprache umgehen? Die Beantwortung dieser Frage hängt entscheidend von der Situation ab, in der Schüler und Lehrer miteinander kommunizieren. Dabei lassen sich innerhalb des Schullebens grundsätzlich drei Fälle unterscheiden:

1. *Im Unterricht* und bei sonstigen unterrichtlichen Aktivitäten (Exkursionen, Förderkurse etc.) hat die korrekte deutsche Standardsprache Vorrang. Zu den wichtigsten Bildungszielen der Schule gehört es, möglichst allen Schülern diese Standardsprache beizubringen, die deshalb ganz überwiegend Unterrichtssprache sein sollte.
2. *Auf dem Pausenhof*, d. h. außerhalb des Unterrichtes, verhält es sich anders. Hier dürfen die Schüler sprechen, wie ihnen der Schnabel gewachsen ist.
3. *In Einzelgesprächen zwischen Schülern und Lehrern* (Sprechstundengespräche, Beratungsgespräche) kommt es auf eine möglichst weitgehende Verständigung an. Lehrer und Schüler müssen deshalb jeweils einen Schritt aufeinander zugehen. Angemessen ist hier deshalb in der Regel eine Mischung aus standardsprachlichen und nichtstandardsprachlichen Ausdrucksformen.

Damit ist klar, dass die alte linguistische Kontroverse zwischen Defizit- und Differenzhypothese obsolet ist, in der es um die Frage ging, ob Abweichungen von der Standardsprache per se geringere oder einfach nur andersartige Ausdrucksmöglichkeiten nach sich ziehen. Versierte Sprecher sollten möglichst viele sprachliche Varietäten beherrschen und situationsgerecht verwenden können. Auf dem Pausenhof ist Jugendsprache also in Ordnung, sofern der Schüler im Unterricht auf Standardsprache umschaltet, d. h. standardsprachlich korrekt zu sprechen bemüht ist.

Die zu Beginn ihrer wissenschaftlichen Erforschung oft als Sprachverhunzung geschmähte **Jugendsprache** erfreut sich heute in der Linguistik besonders aufgrund ihrer Kreativität einer nicht geringen Reputation. Tatsächlich kann sie als eine der wesentlichen Innovationsquellen der deutschen Gegenwartssprache angesehen werden.

Hier in unserem Kontext interessiert jedoch nur, ob diese lebensaltersspezifische sprachliche Varietät einer offenen vertrauensvollen Aussprache zwischen Lehrer und Schüler eher zuträglich oder abträglich ist. Dabei springt ins Auge, dass die Abgrenzung von der Welt der Erwachsenen zu den wichtigsten Funktionen

Kunz/Rauch/Schneider: Schülergespräch und Lernberatung – Das Praxisbuch
© Auer Verlag – AAP Lehrerfachverlage GmbH, Donauwörth

der Jugendsprache gerechnet wird. Neben der Ausprägung eines für Uneingeweihte unverständlichen Sonderwortschatzes und der emotionalen Intensivierung durch Häufung von Superlativen und Emphasewörtern können dabei auch syntaktische Neubildungen auftauchen („Gestern ich war Kino.“; vgl. www.kiezdeutsch.de).

Anders als im Unterricht sollten jugendsprachliche Wendungen, die ein Schüler im Rahmen eines Sprechstunden- oder Beratungsgespräches benutzt, nicht korrigiert werden. Denn das Ziel dieses Gespräches ist nicht die Sprachschulung, sondern die möglichst weitgehende sprachliche Verständigung über ein konkretes Problem. Da die Jugendsprache per definitionem Züge einer Geheimsprache aufweist, von der Erwachsene ausgeschlossen bleiben sollen, ist jedoch ein behutsames Nachfragen erlaubt, falls der Schüler einen für den Lehrer unbekannten jugendsprachlichen Begriff benutzt.

Diese Nachfrage dient aber nicht der Ersetzung durch eine „korrekte“ standardsprachliche Formulierung. Vielmehr darf man als Lehrer den Begriff in der weiteren Folge des Gespräches durchaus selbst benutzen, jedoch nur, sofern man ihn nicht gewissermaßen mit spitzen Zähnen ausspricht und sich dadurch in verständigungshemmender Weise über den Ausdrucksstil des Schülers erhebt oder gar lustig macht. In gewisser Weise kann es sogar als Vertrauensbeweis angesehen werden, wenn der Schüler sich im Gespräch mit einem Erwachsenen jugendsprachlicher Wendungen bedient und dadurch seine Bereitschaft erklärt, mit ihm in seiner „Geheimsprache“ zu kommunizieren.

Bei den als nächstes anzusprechenden **Xenolekten**, die auch als „Ethnolekte“ oder „Interlekte“ bezeichnet werden, handelt es sich um jene Mischformen aus Erst- und Zweitsprache, die oft bei Kindern mit Migrationshintergrund anzutreffen sind. Bis heute wird ein solches „gebrochenes Deutsch“ in der breiteren Öffentlichkeit meistens als defizitär bewertet, aber vor dem Hintergrund der Interkulturalitätsdiskussion gibt es in der modernen Linguistik inzwischen eine weitaus positivere Einschätzung dieses Phänomens, das als unverzichtbares Element einer pluralistisch-kosmopolitischen Gesellschaft wahrgenommen wird.

Einer offenen vertrauensvollen Aussprache zwischen Schüler und Lehrer stehen eher die sozialen Bewertungen dieser Mischsprache als vermeintliche Ausdrucks- und Verständigungsdefizite im Wege. Auch die Migrantenkinder selbst schätzen ihre Sprache nicht selten als defizitär ein und ziehen sich deshalb aus Scham oder Vorsicht in sich selbst zurück. Eine wichtige Aufgabe des Lehrers in einem Beratungsgespräch besteht deshalb darin, den betroffenen Schüler „zum Reden zu bringen“, ihn also seine vermeintliche sprachliche Unterlegenheit nicht fühlen zu lassen und ihn zur freien offenen Aussprache zu ermuntern.

Sprachliche Korrekturen haben hier in dieser speziellen Situation also ebenfalls zu unterbleiben, aber anders als im Falle der Jugendsprache sollte ein Lehrer die vom Schüler benutzten (falschen) Wendungen nicht seinerseits aufgreifen und verwenden. Vielmehr kommt es in diesem Fall in erster Linie darauf an, empathisch in den Schüler hineinzuhorchen und ihm immer wieder verschiedene Formulierungsalternativen anzubieten, die er dann seinerseits aufgreifen und für sich übernehmen kann, wenn er das möchte.

Wieder anders steht es im Fall der **Soziolekte**, bei denen es sich um jene Varietäten des Deutschen handelt, die nur in einer bestimmten Bildungs- und Gesellschaftsschicht verbreitet sind. Dabei ist stets im Auge zu behalten, dass die Schüler je nach Einzugsgebiet der Schule einer „niedrigeren“, aber auch einer „höheren“ Bildungs- und Gesellschaftsschicht angehören können als ihre Lehrer. Problematisch kann dies sein, weil die Angehörigen der verschiedenen Schichten auch in unserer offenen pluralistischen Gesellschaft durchaus noch ein sogenanntes „Distinktionsverhalten“ zeigen, d. h. in bestimmten Kontexten durch ihre Kleidung, ihre Manieren oder auch ihre Ausdrucksweise zu demonstrieren versuchen, dass ihr Gegenüber „nicht dazugehört“, von ihnen nicht als einer der Ihren akzeptiert wird.

Sprachlich kann sich dies in einer grob-polternden Artikulation, in herausfordernder Gestik und Mimik oder in der demonstrativen Verwendung von anstößigen Tabuwörtern äußern bzw. umgekehrt in einer affektierten Aussprache, in einem gesuchten Vokabular oder in einem überheblich-süffisanten Unterton. Im Rahmen eines Sprechstunden- oder Beratungsgespräches kommt es darauf an, sich von solchen Äußerungen in keinem Fall provozieren zu lassen und selbst nach Möglichkeit sachlich-neutral zu bleiben. Ignorieren Sie also einfach diese Distinktionsgesten und setzen Sie in ruhigem, freundlichem Ton das Gespräch fort!

Wenn Sie nämlich sprachliche Korrekturen anzubringen oder die Äußerungen Ihres Gegenübers in ihrer Drastik oder Subtilität noch zu überbieten versuchen, gehen Sie auf das kompetitive Distinktionsspiel ein und lassen sich damit von Ihrem Gegenüber unmerklich einen Themenwechsel aufzwingen. Unter der Oberfläche des Beratungsgespräches geht es dann in Wirklichkeit um einen Kampf um soziale Geltung und Anerkennung. In einem Beratungsgespräch hat diese Thematik nichts zu suchen. Lassen Sie die Provokationen Ihres Gegenübers also einfach ins Leere laufen, konzentrieren Sie sich auf das eigentliche Gesprächsthema und bleiben Sie bei einem ruhigen, sachlichen Ausdrucksstil!

Erhöhte Aufmerksamkeit ist schließlich auch geboten im Falle der **Dialekte**, also des Bairischen, Sächsischen, Hessischen, Holsteinischen und anderer

Kunz/Rauch/Schneider: Schülergespräch und Lernberatung – Das Praxisbuch
© Auer Verlag – AAP Lehrerfachverlage GmbH, Donauwörth

regionaler Varietäten des Deutschen. Das Kernproblem resultiert daraus, dass sich die Selbst- und die Fremdwahrnehmung der Mundarten nicht selten deutlich voneinander unterscheiden, d. h. die einzelnen Dialekte haben ein bestimmtes „Image" und erwecken beim distanzierten Betrachter unwillkürlich bestimmte Assoziationen und Klischeevorstellungen. Deshalb sind die Fälle, in denen Lehrer und Schüler denselben Dialekt sprechen, von jenen Fällen zu unterscheiden, in denen der Lehrer den Dialekt seiner Schüler nicht beherrscht.

Wenn Sie als Lehrer den Dialekt Ihres Schülers sicher sprechen und verstehen, besteht keine Notwendigkeit, in Sprechstunden- oder Beratungsgesprächen aus Gründen der formalen Korrektheit Hochdeutsch zu sprechen oder dies vom Schüler zu verlangen. Der Dialekt stellt dann eine zusätzliche Verbindung zwischen den Gesprächspartnern her und kann eine offene Aussprache begünstigen.

Anders verhält es sich jedoch, wenn Sie „zugereist" sind und die Mundart Ihres Schülers *nicht* sicher sprechen und verstehen. Der Dialekt stellt in diesen Fällen eine Sprachbarriere dar, die irgendwie überwunden werden muss. Allerdings sollten Sie den Schüler nicht bitten oder gar zwingen, das Gespräch in Hochdeutsch zu führen, wenn ihm dies nicht vollkommen geläufig ist. Wenn Ihr Gegenüber während eines Sprechstunden- oder Beratungsgespräches jedoch mundartliche Begriffe benutzt, deren Bedeutung Ihnen mehr oder minder unklar sind, haben Sie das Recht, durch behutsam-freundliches Nachfragen zu erkunden, was mit der besagten Äußerung eigentlich gemeint ist. Sie können den Begriff dann im weiteren Verlauf des Gespräches selbst benutzen, dürfen ihn dabei aber nicht „mit spitzen Zähnen" aussprechen oder sich sonstwie davon distanzieren oder gar darüber lustig machen.

Generell sollten Sie sich außerdem bewusst machen, welches Image von diesem speziellen Dialekt Ihnen durch die Medien (Karneval, Volksmusik usw.) vermittelt worden ist und dass es sich dabei größtenteils um Klischees handelt, die wahrscheinlich zu einem guten Teil einem kommerzialisierten Folklorismus entspringen. Die Mundarten werden in der modernen Linguistik und Sprachdidaktik nicht als defizitäre Schwundstufen der Standardsprache, sondern als gleichrangige Varietäten des Deutschen bewertet.

☐ SPRACHLICHE TILGUNGEN, VERALLGEMEINERUNGEN UND VERZERRUNGEN

(Andreas Kunz)

Eines der wirkungsvollsten Mittel, seine eigene kommunikative Kompetenz zu optimieren, ist das genaue Hinhören auf das gesprochene Wort. Sowohl die eigene Wortwahl als auch die Wortwahl des Schülers steht im Mittelpunkt eines Gesprächs. In der sprachlichen Kommunikation zwischen Menschen laufen ständig drei Prozesse ab, die sich wie ein roter Faden durch jedes Gespräch ziehen: Tilgungen, Verallgemeinerungen und Verzerrungen. Um diese sprachlichen Prozesse zu verstehen, gibt es eine wunderbare Übung, die sich auch für Schüler (ungefähr ab der 8. Klasse) eignet:

Im Prinzip läuft die Übung wie die „Stille Post" ab, allerdings mit ein paar Modifikationen. Fünf Schüler werden vor die Tür geschickt, sodass sie nicht mitbekommen, was in der Klasse besprochen wird. Die Lehrkraft wählt einen weiteren Schüler aus, der sich nun ein vorbereitetes Flip-Chart anschaut (siehe Abbildung 19a). Seine Aufgabe ist es, sich das Flip-Chart so genau wie möglich einzuprägen. Wenn der Schüler seine Zustimmung gibt, wird das Flip-Chart abgehängt und verdeckt zur Seite gelegt. Danach wird ein Schüler von draußen in die Klasse hereingerufen. Der Schüler, der sich gerade das Bild eingeprägt hat, erklärt nun dem Schüler von draußen das Bild. Dafür darf er ein leeres Flip-Chart als „Zeigehilfe" benutzen. Er darf das Bild jedoch nicht mit Stiften nachmalen, sondern nur mithilfe von Worten erklären und mit Gesten unterstreichen. Wichtig: Von Seiten des hörenden Schülers dürfen keine Rückfragen gestellt werden. Seine Aufgabe ist das gute und genaue Zuhören. Wenn die Erklärungen von Schüler 1 abgeschlossen sind, wird der nächste Schüler von draußen reingerufen und Schüler 2 erklärt ihm das, was er von dem Bild mitbekommen hat. So geht die Kette weiter bis zum letzten Schüler. Dieser hört sich das weitererzählte „Bild" an und malt im Anschluss das, was er verstanden hat. Am besten ist, wenn er das Bild erst einmal verdeckt vor der Klasse malen kann. Währenddessen kann man mit der Klasse schon beobachtbare Prozesse erläutern. Zum Schluss werden die beiden Bilder miteinander verglichen.

In den Abbildungen 19a und 19b ist ein solches Ergebnis zu sehen. An der Veränderung der beiden Bilder kann man wunderbar den Prozess von Tilgungen, Verallgemeinerungen und Verzerrungen ablesen.

Kunz/Rauch/Schneider: Schülergespräch und Lernberatung – Das Praxisbuch
© Auer Verlag – AAP Lehrerfachverlage GmbH, Donauwörth

Abb. 19a: Vorlage

Abb. 19b: Ergebnis nach fünf Weitererzählungen

Prozess der Tilgung:

Sehr schön zu sehen an am oben dargestellten Beispiel. Aus einer Vielzahl von Details werden „nur“ die Informationen weitergegeben, die für den Hörenden eine Bedeutung haben. Das zeigt sehr anschaulich, dass nicht derjenige die Bedeutung bestimmt, der etwas sagt, sondern derjenige, der das Gesagte hört. Solche Tilgungen sind wichtig für unser tägliches Da-Sein. Ohne diese Fähigkeit würden wir im wahrsten Sinne des Wortes verrückt werden. Hinter diesem Prozess stecken unsere biologischen Filter. Sie entscheiden, welche Sinnesimpulse tatsächlich zur Großhirnrinde durchgelassen werden und welche nicht. Diese ständige Reduktion findet selbstverständlich auch in jedem Gespräch statt und ist natürlich.

Prozess der Verallgemeinerung:

Hier bietet sich das Ergebnis aus dem oberen linken Quadrat an. Aus einer komplexen Aussage wird nur noch der Begriff „Text“, und zwar richtig groß. Genau genommen ist die Verallgemeinerung erst einmal ein Prozess der Tilgung. Auf die gefilterte Information kommt dann allerdings noch die Qualität der Überhöhung, des Großmachens hinzu (aus einer gedanklichen Mücke einen sprachlichen Elefanten machen). Sie basiert auf sozio-genetischen Filtern, sprich auf unseren Erfahrungen. Aus einer Vielzahl von gemachten Erlebnissen ziehen wir allgemeine Schlüsse, die wir als Einordnungskriterien für neue Erlebnisse nutzen.

Prozess der Verzerrung:

Verzerrungen sind Um-Interpretationen von wahrgenommenen Ereignissen, gehörten Begriffen und gemachten Erlebnissen. Sehr gut beschrieben in einem Zitat von Epikur: „Es sind nicht die Dinge, die uns Angst machen, sondern die Meinung über die Dinge.“ Somit sind Sie als Lehrkörper verantwortlich für einen möglichst konkreten und verständlichen Input; was Ihre Schüler daraus machen, können Sie nicht bestimmen.

Betrachten wir einmal das rechte obere Quadrat. Innerhalb dieser Übung wird es oft als „Kirche“ weitergegeben. Allerdings ist es erst einmal nur eine Ansammlung von geometrischen Figuren. Übrigens stammt das Beispiel aus einer Technikerzeichnung für einen Bühnenaufbau im Theater. Die Vierecke sind die Podeste, die Dreiecke sind Zeichen für Auf- und Abgänge, die Kreise sind Säulen, die Kreuze sind Positionierungszeichen für Stühle.

Kleiner Tipp:

Diese Kommunikationsübung eignet sich auch sehr gut für das Verständnis von Missverständnissen, Gerüchten und gegenseitigen Beschuldigungen („Das hab ich nicht gesagt“).

Wie kann ich dieses Wissen jetzt kann konkret in meinen alltäglichen Sprachgebrauch einfließen lassen, um ein Schülergespräch mit diesen Prozessen nicht unnötig zu belasten und um einen offenen Kommunikationsprozess auf gleichberechtigter Sprachebene einzuleiten? Wichtig ist es dabei vor allem, die eigene Wortwahl genauso mitzubekommen und zu hören wie die des Schülers. An dieser Stelle sei angemerkt, dass solche sprachlichen Muster meist mithilfe von guten Fragen aufgelöst werden können. Übrigens auch eine wunderbare Methode, um Elterngespräche zu optimieren.

Kunz/Rauch/Schneider: Schülergespräch und Lernberatung – Das Praxisbuch
© Auer Verlag – AAP Lehrerfachverlage GmbH, Donauwörth

Hauptstrategien der sprachlichen Verallgemeinerung:[2 3]

Universalwörter der Verallgemeinerung: immer, nie, niemals, so, müssen, ständig, nicht möglich, unmöglich, nicht können, ausschließlich, hundertprozentig, nur usw.

Hierbei werden Handlungen, Situationen oder Ergebnisse als unausweichlich dargestellt. Häufig werden vorhandene Kompetenzen ausgeblendet und es findet nur eine Konzentration auf das Defizit statt. Hier werden gedanklich Endzustände präsentiert und mithilfe dieser sprachlichen Überhöhung festzementiert – es ist so und basta! Auch die sprachliche Moralisierung („Das tut man nicht" oder „Auf dieser Schule wird das aber so und so gemacht") ist eine sehr beliebte Verallgemeinerungsstrategie.

Aussagen, die auf die ganze Person bezogen werden und nicht nur auf eine einzelne Verhaltensweise. Beispiel: „Du bist/Sie sind ..."

Die sprachliche Trennung von Verhalten und Person kann in einem guten Schülergespräch sehr entscheidend sein. Niemand sollte sprachlich im Ganzen etwas sein. Aussagen wie: „Du bist unkonzentriert" können in einem Gespräch echte Brandbeschleuniger sein. Formulierungen wie „Du wirkst auf mich ..." oder „Ich finde, dass diese spezielle Verhaltensweise von dir ..." sind dagegen sprachliche Entlastungen und halten ein Gespräch offener.

Hauptstrategien der sprachlichen Tilgungen

Der Vergleichsbezug wird getilgt:

„Das war auch schon mal besser." (Bezogen auf was bzw. wann?)

„Ich bin sowieso der Schlechteste." (Im Vergleich mit wem?)

Unspezifische Wortwahl, die die eigentlich gemeinte Bedeutung tilgt und ein Mega-Kopf-Kino beim Zuhörer erzeugt.

„Die anderen können das sowieso besser." (Wer kann was genau besser?)

„Der Schüler macht, was er will?" (Was genau macht er und was genau, meinst du, will er?)

„Der Lehrer ist doof!" (Was heißt für dich doof?)

Leider werden in Gesprächen zu häufig die eigentlich gemeinten Bedeutungen verallgemeinernd in eine solche unspezifische Wortwahl gepresst. Dazu ein sehr eindrucksvolles Beispiel: Nach Bekanntgabe seiner Note sagte ein unzufriedener 17-jähriger Schüler zu seinem Lehrer: „Das wird Ihnen noch leidtun." Diese Aussage blieb unhinterfragt im Raum stehen und führte bei der Lehrkraft zu einem gedanklichen Bedrohungsszenario. Der Lehrer bestand bei seiner Direktorin auf einem Verweis des Schülers. Der Schulpsychologe befragte daraufhin den Schüler, „was er denn genau mit der Aussage gemeint hätte?" Der Schüler antwortete ihm, „dass er mit dem Lehrer zwei Monate nicht mehr sprechen würde". Nach einigen weiteren Nachfragen kam heraus, dass bewusstes Schweigen von Seiten der Eltern für den Schüler die „schlimmste Strafe" gewesen sei und er selbst mit dieser Verhaltensweise den Lehrer „bestrafen" wollte.

Hauptstrategien der sprachlichen Verzerrung

Eine überprüfbare Handlung wird mit einer persönlichen Interpretation gleichgesetzt:

„Sie schauen die ganze Zeit aus dem Fenster, mein Thema interessiert Sie wohl nicht."

„Sie machen sich ja gar keine Notizen, wie wollen Sie denn eine gute Klassenarbeit schreiben?"

„Bei anderen Lehrern ist mein Sohn still, das muss wohl an Ihnen liegen."

Eine solche Verknüpfung ist sehr menschlich, aber erst einmal eine persönliche Interpretation, die durchaus hinterfragt werden sollte. Übrigens auch sehr beliebt bei Eltern. Fallen Sie da nicht in die Rechtfertigungs- oder Angriffsfalle, sondern hinterfragen Sie erst einmal sehr genau die ausgesprochene Verzerrung.

Eine schöne Steigerung dazu ist das gedankliche Hellsehen. Die beobachtete Situation wird sprachlich ganz weggelassen und es findet nur noch eine Interpretation statt. „Sie ist unglücklich" oder „Er weiß doch, dass ich ihn mag" sind dafür schöne Beispiele.

Ich weiß schon, was du tust, oder die scheinbare Freiheit im verbalen Zwang:

Hierbei finden klare Vorwegannahmen statt. Der eine Teil der Aussage wird als scheinbare Wahrheit oder als Wahlmöglichkeit ausgesprochen, damit der andere einen Sinn ergibt.

Beispiel:

„Jetzt reicht es, du wirst mich nicht noch mehr anlügen!" (Vorwegannahme: Lüge)

„Aufgrund deines miserablen Verhaltens hast du jetzt die oder die Möglichkeit."

(Vorwegannahme: miserables Verhalten. Was ist mit einer dritten, vierten, fünften Möglichkeit?)

„Ziehst du den grauen oder braunen Anzug an, Schatz?"

(Vorwegannahme: Du wirst einen Anzug anziehen.)

Die gefühlte Schuldzuweisung:

Die Aussage suggeriert einen Zusammenhang zwischen einem beobachteten Verhalten bzw. einer gehörten Behauptung und einer darauf folgenden selbst erzeugten Gefühlsreaktion.

Beispiel:

„Ich bin sauer, weil du dich nicht an die abgesprochenen Regeln hältst!"

„Sie nerven mich."

2 vgl. „Metamodell der Sprache", Tom Andreas, Schulungsunterlagen Köln 2010

3 vgl. „Die Magie der Sprache", Robert Dilts, Kapitel 3 – Chunken, Paderborn 2008

Kunz/Rauch/Schneider: Schülergespräch und Lernberatung – Das Praxisbuch
© Auer Verlag – AAP Lehrerfachverlage GmbH, Donauwörth

„Vor dem Lehrer habe ich Angst“.
Solche Zusammenhänge sollte man eigentlich kommunikativ wie folgt formulieren:
„Ich beobachte an Ihnen eine Verhaltensweise, mit der ich in mir ein Gefühl erzeuge, was ich als – genervt sein, sauer sein, Angst haben – bezeichne.“
Eine solche präzisere Umschreibung ist im Unterrichtsalltag allerdings selten brauchbar. Standard sollte aber die folgende Arbeitshaltung sein: Ich bin zum größten Teil für meine Gefühle verantwortlich. Wenn ich also ständig unter der Verhaltensweise eines anderen leide, so ist es wesentlich erfolgversprechender, nicht den anderen zu verändern, sondern die eigenen Einredungen und Handlungen sehr genau zu überprüfen. Wie gesagt: Sie als Lehrkraft sind für Ihren Input verantwortlich; was der Schüler daraus macht, das können Sie nicht bestimmen.

Fazit: Tilgungen, Verallgemeinerungen und Verzerrungen finden in der sprachlichen Interaktion ständig statt. Also sollte es an mir liegen, diese Prozesse so gut wie möglich aufzudecken und zu beleuchten. Das bedeutet in einem Gespräch erst einmal:

- Informationen sammeln (durch genaues Zuhören und gute Fragen)
- Bedeutungen klären (nicht zu früh in die Besserwisser-Falle tappen, lieber Fragen stellen)
- Selbstauferlegte Einschränkungen des Sprechers identifizieren und dann erst
- Wahlmöglichkeiten eröffnen, Konsequenzen benennen oder Maßnahmen festlegen.

Bei aller sprachlichen Kompetenz und Fähigkeit des genauen Reinhörens kann man dieses Wissen natürlich auch prima in die andere Richtung nutzen. Wenn es also wichtig und notwendig ist, die Machtkeule auszupacken, dann aber auch bitte mit aller sprachlichen Kompetenz der Tilgung und Verallgemeinerung. Bauen Sie da bitte keine sprachlichen Weichzeichner (Verzerrungen) ein, die Freiraum für Interpretationen lassen. Wenn Sie dann noch den Wirkungsdreischritt in Ihrer Körpersprache beachten, können Sie sehr brauchbare Ergebnisse bei Ihren Schülern erzielen. Aber dazu mehr im nächsten Kapitel.

KV 18

(1) Übung

Bitte tragen Sie in das Feld eine Aussage ein, die Sie in letzter Zeit in einem Schülergespräch gehört haben und die Sie in irgendeiner Art und Weise beschäftigt hat.

Versuchen Sie nun, nach folgendem Schema, geeignete Fragen zu finden, die das Gehörte anders hätten auflösen können bzw. mit deren Hilfe Sie weitere Informationen über das Gesagte hätten sammeln können. Motto: Vermehre die gedanklichen Möglichkeiten!

Art der Frage	Mögliche Fragen	Welche Frage wäre für Sie brauchbar?
Die zeitliche Perspektive	• War das immer schon so? • Wie lange, glaubst du/glauben Sie, wird es noch so bleiben? • Wie ist deine/Ihre Prognose? • Gilt das für alle Stunden? • Welche Unterschiede gibt es zwischen der ersten und letzten Stunde/montags und freitags? • Seit wann glaubst du, so zu sein, und was heißt überhaupt für dich das und das?	
Die räumliche Perspektive	• Ist das auch zu Hause so? • Wie war das auf der Klassenfahrt? • Ist das überall so? • Gilt das für alle Fächer? • Wie war es auf der anderen Schule? • Wie ist es in Freizeit/Fußballverein/Clique ...?	
Die Beziehungsperspektive	• Sind in der Klasse noch mehr Kinder, die nicht ... ? • Wenn xy nicht da wäre, wer wäre dann...? Wer dann ...? • Wie verhält sich xy bei anderen Kollegen? • Mit wem kommt xy am besten zurecht? Was ist da anders ...? • Was hält dich davon ab, es mit der Person direkt zu klären?	
Die Bedeutungsperspektive	• Was genau meint der und der Begriff? • Was verstehst du darunter? • Kannst du das Gesagte noch anders umschreiben? • Wenn du es deinem Vater/Mutter/Bruder erklären würdest, was würdest du dann sagen?	
Die Problemperspektive	• Mit welchem Begriff beschreibst du dein Problem? • Worin äußert sich dieses Problem? • Wie kommst du dazu, dass es ein Problem ist? • Wer ist mit dem gegenwärtigen Zustand nicht zufrieden? Wer ist zufrieden damit? • Was kannst du tun, um das Problem weiter zu verstärken? • Was kannst du tun, um das Problem weiter zu verringern? • Welches Problem hast du mit deinem Problem?	

KV 18

Art der Frage	Mögliche Fragen	Welche Frage wäre für Sie brauchbar?
	• Welche Vorteile bietet der gegenwärtige Zustand? • Was soll statt des Problems da sein? Was ist das Gegenüber des Problems? • Was wäre, wenn du das Problem nicht hättest?	
Die Perspektive der positiven Intention/ Umdeutung	• Ich gehe davon aus, dass alle Menschen immer nur Dinge tun, die in irgendeiner Weise Sinn für sie machen: Welchen Sinn macht es dann für dich, dieses Verhalten zu leben oder die Situation auszuhalten? • Angenommen diese Situation/dieses Verhalten/diese Eigenschaft hätte irgendetwas Gutes für dich persönlich: Was wäre das? • Angenommen du würdest den positiven Optimisten einladen, deine Situation zu beschreiben: Wie würde er diese beschreiben? • Was bringt dir die Situation/das Verhalten?	
Die Lösungsperspektive	• Was ist dein Anliegen? • Woran würdest du merken, dass dein Anliegen/Problem gelöst ist? • Was wäre statt des Problems da? • Woran würdest du es merken? • Was würdest du dann tun, was du nicht sowieso schon tust? • Was wäre dann anders? • Auf einer Skala von 0 bis 10, wenn 10 für dein Ziel steht, wo befindest du dich jetzt?	
Die Perspektive der Ausnahmen in der Vergangenheit und in der Gegenwart	• Gab es Situationen, in denen du der Lösung (schon einmal) näher warst? • In welchem Kontext trat das Problem nicht auf? • Was hast du da anders gemacht, dass es nicht schon längst viel schlimmer geworden ist? • Was hast du anders gemacht, als du es im Moment machst? • Was ist im Moment gut (so, wie es ist)? • Was soll so bleiben? • Was hilft (im Moment), dass es nicht noch schlimmer wird?	
Die Perspektive des anderen	• Wenn du jetzt an meiner Stelle wärest, wie würdest du handeln? • Wenn du diese Veränderung machen würdest: Wer müsste sich dann auch noch verändern? Und auf wen alles hätte das welchen Einfluss? • Wenn du dich in der Situation anders verhalten würdest, wen würde das am meisten freuen? Wie würde derjenige reagieren?	
Die Perspektive des Verstärkens	• Wenn du willst, dass der Schüler sich in der Schule auffällig benimmt, was musst du tun? • Wodurch könnten wir besonders zuverlässig erreichen, dass das Problem nicht gelöst wird? • Welche Ressourcen zur Verhinderung einer Lösung hast du bisher genutzt?	

Abb. 20: Übung (s. **KV 18**, Materialsammlung S. 86 und auf der CD)

Kunz/Rauch/Schneider: Schülergespräch und Lernberatung – Das Praxisbuch
© Auer Verlag – AAP Lehrerfachverlage GmbH, Donauwörth

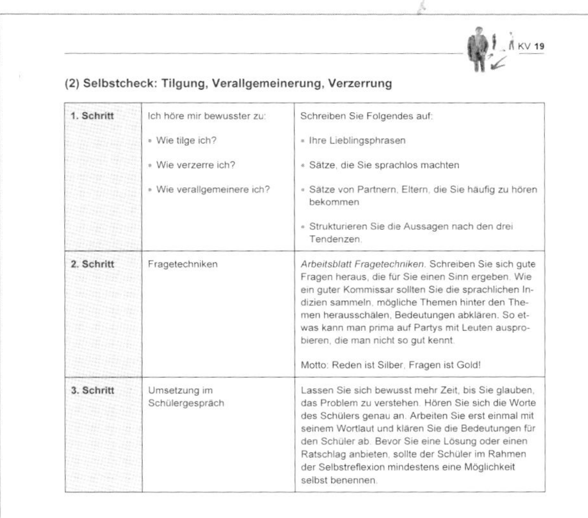

KV 19

(2) Selbstcheck: Tilgung, Verallgemeinerung, Verzerrung

1. Schritt	Ich höre mir bewusster zu: • Wie tilge ich? • Wie verzerre ich? • Wie verallgemeinere ich?	Schreiben Sie Folgendes auf: • Ihre Lieblingsphrasen • Sätze, die Sie sprachlos machten • Sätze von Partnern, Eltern, die Sie häufig zu hören bekommen • Strukturieren Sie die Aussagen nach den drei Tendenzen.
2. Schritt	Fragetechniken	*Arbeitsblatt Fragetechniken.* Schreiben Sie sich gute Fragen heraus, die für Sie einen Sinn ergeben. Wie ein guter Kommissar sollten Sie die sprachlichen Indizien sammeln, mögliche Themen hinter den Themen herausschälen, Bedeutungen abklären. So etwas kann man prima auf Partys mit Leuten ausprobieren, die man nicht so gut kennt. Motto: Reden ist Silber, Fragen ist Gold!
3. Schritt	Umsetzung im Schülergespräch	Lassen Sie sich bewusst mehr Zeit, bis Sie glauben, das Problem zu verstehen. Hören Sie sich die Worte des Schülers genau an. Arbeiten Sie erst einmal mit seinem Wortlaut und klären Sie die Bedeutungen für den Schüler ab. Bevor Sie eine Lösung oder einen Ratschlag anbieten, sollte der Schüler im Rahmen der Selbstreflexion mindestens eine Möglichkeit selbst benennen.

Abb. 21: Selbstcheck: Tilgung, Verallgemeinerung, Verzerrung (s. **KV 19**, Materialsammlung S. 88 und auf der CD)

7.7 ANGEMESSENES NON-VERBALES VERHALTEN *(Andreas Kunz)*

Sie können sich Ihren Beruf erleichtern, wenn Sie einfach mal annehmen, dass im Unterricht und in einem Gespräch ein Großteil unserer Kommunikation nonverbal abläuft! Über die Frage von „Überleben oder Untergehen im Klassenzimmer bzw. in einem Schülergespräch" entscheidet nicht zuletzt körpersprachliches Verhalten und der damit verbundene angemessene Einsatz der Stimme.

In diesem Kapitel soll es nicht darum gehen, was einzelne Körperhaltungen vielleicht bedeuten könnten. Das ist so stark vom Kontext und dem körpersprachlichen Gesamtpaket abhängig, dass ich lieber von diesem Hellsehen aus der Glaskugel „Körper" absehe. Wesentlich interessanter ist die Frage nach positiven Wirkungen von körperlichen Merkmalen für ein gutes Gespräch. Frei nach dem Motto: Für eine gelungene Kommunikation sind das Allerwichtigste die guten Zutaten. Die nämlich kann ich bestimmen. Wie es nachher wirklich schmeckt, das steht auf einem anderen Blatt.

Evolutionsmäßig betrachtet ist der Gebrauch von Wörtern der letzte und jüngste Schritt in einer ganzen Kette von kommunikativen Ausdrucksformen[4]. Die körpersprachlichen Grundlagen sind wesentlich älter und erzeugen daher tiefgreifendere Wirkungen auf unser kommunikatives System (*Jedes Gespräch ist nur so gut, wie das Gefühl, das es hinterlässt*). Die Sprechfähigkeit beginnt in unserer Kleinkindentwicklung mit der Fähigkeit, Zeigegesten zu erkennen und selbst auszuüben. In der Fachliteratur spricht man hier von intentionaler Aufmerksamkeit. Im nächsten Schritt entwickeln wir Bedeutungsgesten (Gebärdensprache) und erst dann entsteht verbale Sprache. Für unsere Zwecke weitergedacht: Körpersprache ist die Basis, das Fundament, auf das die Wörter gelegt werden. Ein gutes Körpersprachenfundament bedeutet mit hoher Wahrscheinlichkeit einen großen Wirkungsgrad Ihrer Worte. Sie ist einer der entscheidenden Eckpfeiler für Ihre persönliche Gewinnformel.

Dabei sollten Sie nicht von „richtig" und „falsch", sondern von „brauchbar" und „nicht brauchbar" sprechen. Hat es für Sie eine positivere Wirkung oder verändert sich etwas in einem Gespräch, wenn Sie einen bewussteren Umgang mit der intuitiven Sprache Ihres Körpers pflegen? Ja! Eine bestimmte Strategie kann in einem Gespräch prima funktionieren, in einem anderen vielleicht nicht die gewünschte Wirkung erzielen. Verändern Sie etwas, wenn es für Sie nicht gut läuft. Und das nicht nur auf der sprachlichen Ebene, sondern vor allem auf der körperlichen Ebene! Häufig suchen Sie nach Argumenten und schneiden sich von der körpersprachlichen Intuition ab – vor allem in stressigen Gesprächen. Die eigenen körpersprachlichen Möglichkeiten auszuprobieren und zu nutzen, schafft Ihnen einen weiten inneren Freiraum, der Sie auch in schlechten Situationen angemessen und selbstbestimmt handeln lässt. Allerdings kann ich Ihnen jetzt schon sagen, dass Sie dafür etwas Mut brauchen, sich auszuprobieren.

Ein schönes Schaubild dazu bietet das „Themenzentrierte Interaktions-Dreieck" von Ruth Cohn, das man sehr gut in einen körpersprachlichen Aufbau umsetzen kann.

<u>Ruth Cohn aus Sicht von Körpersprache</u>

ICH: Einen klaren körperlichen Standpunkt einnehmen. Sein Gefühle wahrnehmen und bewusst damit umgehen.

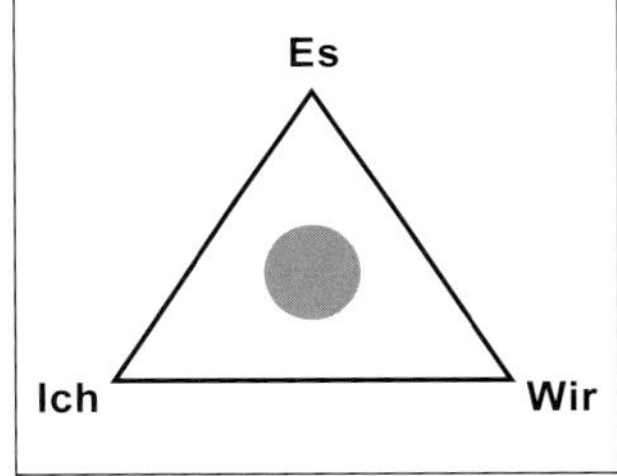

Atemräume klar haben, für den natürlichen Ansatz der Stimme.

Stichwort: selbstbestimmt bleiben (in seiner Stimme bleiben)

WIR: Integrative Körpersprache einsetzen, um Gruppenwirkungen zu erzeugen. Interaktion mit Schülern über Fokussieren (Nähe) und Defokussieren (Distanz). Über die eigene körperliche Präsenz positive Grenzen schaffen, die den Schülern geschützte Räume zum Ausprobieren verschaffen.

Stichwort: körperliche Präsenz

ES: Eindeutigkeit von Zeigegesten und Bedeutungsgesten, um das ausgesprochene Wort zu unterstützen und zu verstärken. Hier wird Körpersprache als Aufmerksamkeitsfänger für das Sachthema eingesetzt.

Stichwort: Überzeugungskraft

4 vgl. „Die Ursprünge der menschlichen Kommunikation", Michael Tomasello, 2009

Kunz/Rauch/Schneider: Schülergespräch und Lernberatung – Das Praxisbuch
© Auer Verlag – AAP Lehrerfachverlage GmbH, Donauwörth

Das Ei des Kolumbus in der Körpersprache

Ein Mensch betritt den Raum und Sie fühlen sich sofort zu ihm hingezogen oder Sie finden ihn unsympathisch. Ein Gespräch findet statt und Sie fühlen sich danach gut. Sie sehen jemanden und sagen sich: „Oh, dem geht es nicht gut". Sie hören sich Worte an und denken: „Was will der von mir?" All dies sind spontane Gefühlsregungen und Gedanken, die sich irgendwo in Ihrem Körper entwickeln und häufig unbewusst Ihre Einstellungen und Haltungen massiv beeinflussen. Wie kommt es zu diesen spontanen Eindrücken, die sich häufig als eine Ahnung oder Intuition, eine Vorwegannahme oder als Gedankenvirus manifestieren?

Gibt es in uns so eine Art kommunikatives Sonar, das sich nicht nur die Oberflächenstruktur des gesprochenen Wortes anhört, sondern gleichzeitig die Tiefenstruktur des gesamten Gegenübers scannt? Die Beantwortung dieser Frage führt auf der biologischen Ebene zu einem besonderen kommunikativen Nervenkomplex, der sich Spiegelneuronen nennt.[5] Diese speziellen Nervenzellen sind in der Lage, uns mit Impulsen zu versorgen, die dazu führen, dass wir uns in andere Menschen hineinfühlen bzw. -denken können. Wir entwickeln ein Bewusstsein dafür, was der Fall sein könnte. Ich fühle, was du fühlst: Empathie ist eine für das ganze menschliche Dasein zentrale Fähigkeit. Die Spiegelneuronen sind besondere Fühler, die uns sehr subtil und subjektiv unseren persönlichen Freund und Feind anzeigen. Sie versorgen uns in guten wie auch schwierigen Gesprächen mit einer Fülle von Subinformationen. Das gegenseitige Aktivieren bzw. Nicht-Aktivieren von Spiegelneuronen ist ein zentraler Prozess jeglicher (Face-to-Face-)Kommunikation.

Wenn es nun dieses körpersprachliche Erkennungs- und Bewertungssystem gibt, das eine Ebene unter dem gesprochenen Wort liegt, so stellt sich doch die Frage, ob man dieses System nicht bewusst nutzen kann, um dem Gesprächspartner ein gutes Gefühl zu vermitteln. Quasi eine körperliche Subbotschaft, die dem Gesprächspartner unabhängig vom explizit verbal Geäußerten eine wertschätzende Haltung vermittelt.

Ja, so etwas gibt es, und es funktioniert weltweit. In allen Kulturen gibt es über diese körpersprachliche Fähigkeit des guten Einvernehmens ein Bewusstsein, häufig in Redewendungen weitergegeben (z. B. sich in jemanden hineinversetzen). Übrigens sei an dieser Stelle angemerkt, dass Sie das tagtäglich schon tun. Treffen Sie gute Freunde, sympathische Kollegen oder nette Schüler, läuft dieses Programm automatisch in Ihnen ab. Läuft es mal nicht so gut, können Sie meistens davon ausgehen, dass Sie kein körperliches Einvernehmen hergestellt haben. Für diese zwischenmenschliche Fähigkeit gibt es viele Bezeichnungen. Mein persönlicher Favorit ist der Begriff „Rapport" aus dem Französischen. Ähnlich wie bei Schnitt- oder Tapetenmustern geht es darum, einen guten Anschluss zu finden, damit das Muster sauber aussieht und weiterlaufen kann. Wie ich finde, eine wunderbare Analogie zu einem guten Gesprächsverlauf. Wie gesagt, wenn ein Gespräch gut für Sie läuft, machen Sie es automatisch in Ihrem körpersprachlichen Subprogramm. Damit Sie es für einen guten Einstieg in ein schwierigeres Schülergespräch bewusst nutzen können, sollten Sie sich darüber im Klaren sein, wie das Ganze funktioniert.

Nicht nur im Deutschen gibt es einen brillanten Ausdruck, den wir als Ausgangspunkt nutzen können: Aller guten Dinge sind drei! Übrigens sehr spannend, dass es diese idiomatische Wendung in mehr als 160 Sprachen gibt. Die Zahl Drei ist für die Körpersprache eine echte Zauberformel. Sie suchen sich im Körper des anderen drei Haltungen aus, die Sie in Ihren Körper übernehmen. Jetzt wird's wichtig – nicht nachäffen, nicht einfach kopieren. Sollten Sie das tun, fühlt sich Ihr Gegenüber sofort provoziert. Wenn Sie so wollen eine wunderbare Methode, um Konflikte so richtig auf die Spitze zu treiben. Also: drei Haltungen bzw. Körpermerkmale, die für Ihren Gesprächspartner eine wichtige Rolle spielen, in Ihren Körper übersetzen, – und Sie werden auf wunderbare Weise erleben, wie ein Schlüssel-Schloss-Prinzip auf körpersprachlicher Ebene funktionieren kann. Das ist einer der wirkungsvollsten Türöffner für wertschätzende Gesprächskultur, die uns Menschen zur Verfügung steht. Mithilfe dieser einfachen, aber sehr wirkungsvollen Grundstruktur geben Sie dem Gesprächspartner sofort das Gefühl, dass Sie ihn akzeptieren, mit ihm in einem Gespräch sind und nicht gegen ihn. Dieses kommunikative Früherkennungssystem kommt aus einer Zeit, in der verbale Sprache noch überhaupt keine Bedeutung hatte. In der Kommunikation mit Tieren spielt diese Fähigkeit der ständigen körpersprachlichen Anerkennung eine zentrale Rolle (Stichwort Pferde- oder Hundeflüsterer). Und bei Menschen, die sich gerade verlieben, entsteht zwischen den Körpern ein Rapport-Feuerwerk. Da werden ständig mindestens fünf Körpermerkmale des anderen in den eigenen Körper übersetzt und auf sehr schöne Weise widergespiegelt. Auch der Begriff Kongruenz[6] beinhaltet diesen positiven körperlichen Austauschprozess.

5 vgl. „Warum ich fühle, was du fühlst!", Joachim Bauer, 2006

6 lat. *congruens* „übereinstimmend, passend"; in der Mathematik „Deckungsgleichheit"

Kunz/Rauch/Schneider: Schülergespräch und Lernberatung – Das Praxisbuch
© Auer Verlag – AAP Lehrerfachverlage GmbH, Donauwörth

Was sind aber die wichtigsten Erkennungsmerkmale am Körper des anderen Menschen?

Körperteil	Was kann man beobachten?
Kopf	▷ Seitenneigung ▷ Kopfachse … unten, mittig, oben
Schultern	▷ nach vorne gebeugt, nach hinten gezogen, nach oben gezogen ▷ locker nach unten ▷ Neigungswinkel der Schultern
Arme	▷ nach außen gewinkelt ▷ nach innen angelegt ▷ hängend oder angewinkelt
Hände	▷ zusammengelegt, gekreuzt oder offen
Rücken	▷ Aufrichtung ▷ Rundung ▷ Seitenneigung
Becken	▷ Kippstruktur … vorne, hinten ▷ Seitenneigung ▷ im Sitzen … vorne auf der Stuhlfläche, mittig oder direkt an der Lehne
Beine	▷ Standbein, Spielbein ▷ gekreuzt oder gerade ▷ im Sitzen … übereinander geschlagen, angewinkelt oder nach vorne gestreckt
Füße	▷ nach innen oder außen gewinkelt ▷ Belastung auf Vorder-, Mittel- oder Hinterfuß

Abb. 22: Die wichtigsten Erkennungsmerkmale im Körper des anderen Menschen

Sie sehen, es gibt eine Menge Möglichkeiten, den Körper des anderen sehr genau zu betrachten und sich entsprechende Merkmale auszusuchen. Das Schöne an dieser Arbeit sind die Wechselwirkungen, die dabei entstehen. In Gesprächssituationen, die gefühlsmäßig nicht so gut laufen, findet eine immer stärker werdende körperliche Verfestigung statt. Eine festgefahrene Meinung ist gewissermaßen verbunden mit einem festgefahrenen Körper. Es fehlt die Durchlässigkeit, sich auf Neues einzulassen. Die Fähigkeit, in solchen angespannten Situationen körperliches Einvernehmen zu suchen und einzugehen, ist eine echte Entlastung für die eigenen inneren Stressmuster. Es ist also eine sehr wirkungsvolle Methode, offen zu bleiben.

Ein weiterer schöner Nebeneffekt ist das genaue Beobachten des anderen. Dadurch halten Sie automatisch einen angenehmen Blickkontakt und erlauben sich eine gute Blickführung. Ihr Gesprächspartner fühlt sich gesehen und (an)erkannt.

Dieses bewusste körpersprachliche Einvernehmen („Rapport") ist absolutes Feintuning und bedarf immer wieder der Übung. Vor allem das Übersetzen in den eigenen Körper ist nicht immer einfach. Am besten probieren Sie das in der Straßen- oder S-Bahn einmal aus. Suchen Sie sich ein Gegenüber aus, mit dem Sie diese Arbeit in aller Stille ausprobieren können. Der Erfolg stellt sich eventuell schneller ein, als Ihnen lieb ist. Auch auf langweiligen Partys ist das ein wunderbares Mittel, sich den Abend interessanter zu gestalten.

Mir ist an dieser Stelle eines sehr wichtig: Hier geht es nicht um Manipulation von Gefühlen des anderen, sondern um eine wertschätzende Körpersprache, die einen Dialog aufrecht erhält und trägt. Ich spreche hier von wirklichem Konsens[7]. So etwas kann nur über eine gelungene Rapportebene entstehen. Eine Gesprächssackgasse oder die Machtkeule nehmen die Schüler als erstes über den angebotenen „Lehr-Körper" wahr. Sie interpretieren Ihre Körpersprache, bevor Sie die entsprechenden Worte gesagt haben. Warum sollte ich weiter zuhören, wenn der Körper mir Impulse sendet, die eindeutig auf Nicht-Rapport (Inkongruenz) aufgebaut sind. Genau das Gleiche umgekehrt: Wertschätzung oder Lob ohne Rapport verpuffen im weiten Rund körpersprachlicher Fehlinterpretationen.

Gesichtshälftenerkennung

Betrachten Sie einmal in Ruhe die unterschiedlichen Gesichtshälften und stellen Sie für sich Unterschiede fest:

Abb. 23: „Schokoladenseite" des Gesichtes"

Jetzt folgende Frage: Wo, glauben Sie, liegt die kommunikative „Schokoladenseite" des Gesichtes? Von welcher Seite aus ließe sich diese Person leichter ansprechen?

Die auseinandergerissene Fotografie zeigt sehr deutlich die Unterschiedlichkeit von Gesichtshälften und

7 lat. *con-sentire* „miteinander fühlen, übereinstimmen"

Kunz/Rauch/Schneider: Schülergespräch und Lernberatung – Das Praxisbuch
© Auer Verlag – AAP Lehrerfachverlage GmbH, Donauwörth

deren unterschiedliche Wirkungen. Im Deutschen gibt es da eine sehr schöne umgangssprachliche Formulierung: „Quatsch mich nicht von der falschen Seite an!" Neben dem Rapport also ein weiteres körpersprachliches Phänomen, das Sie in einem Schülergespräch gut nutzen können: die Schokoladenseite.

Woran kann man die „Schokoladenseite" gut erkennen?

- der erste Lächelimpuls
- größeres Auge, mehr Strahlkraft, meist mehr Falten
- Haaransatz, Scheitel
- Kopfhaltung, die Schokoladenseite wird meist leicht schräg nach oben gehalten
- kräftigere Gesichtsfarbe
- lebendigere Mimik

Entscheidend ist hier wiederum die Wirkung. Wenn Sie in einem wichtigen Gespräch über die kommunikative Schokoladenseite kommen, fällt es dem Gesprächspartner leichter, Ihnen zuzuhören. Wenn Sie dabei noch Ihre Schokoladenseite anbieten, steht einem positiven Gesprächsanfang nicht mehr viel im Wege. Viele Gespräche würden bei gleichem Inhalt wesentlich angenehmer verlaufen, wenn Sie einfach mal die Seite wechselten. Hier steckt auch im wahrsten Sinne des Wortes die Einseitigkeit von Gesprächen drin. In schwierigen Konfliktgesprächen kann man wunderbar beobachten, wie sich die beiden Parteien mit der Zeit mehr und mehr Ihre „abgedunkelte" Seite zeigen. Die Filmindustrie hat dieses Wissen in der Figur des „Gollum" aus „Herr der Ringe" computertechnisch perfektioniert. Die beiden Wesenszüge (freundlich und diabolisch) werden in dieser Figur konsequent über die unterschiedlichen Gesichtshälften sehr glaubwürdig gespielt.

Ein kleiner Selbstversuch. Betrachten Sie einmal Fotografien von sich und schauen darauf, ob Sie eine bevorzugte Seite finden. Meist empfinden Sie sich auf dieser Seite als „schöner". Mit großer Wahrscheinlichkeit könnte das Ihre kommunikative Schokoladenseite sein. Nächster Schritt: Fragen Sie doch einfach mal Ihren Partner, welche Gesichtshälfte für ihn angenehmer ist, und vergleichen Sie das mit Ihrer Fotografie-Erfahrung. Dritter Schritt: Im nächsten Schülergespräch bieten Sie bewusst diese Seite an und achten dabei sehr genau auf die Wirkung, die in Ihnen entsteht.

Kleiner Tipp: Schüler lieben diese Arbeit. Also nicht als Geheimwissen bunkern, sondern weitergeben. Sehr beliebt: Fotos über einfache Bildbearbeitungsprogramme teilen und die Gesichtshälften über den Befehl „vertikal spiegeln" verdoppeln. Dann wieder zusammensetzen und sich die Wirkung mit viel Humor anschauen.

Wenn Sie mit Ihrer persönlichen Schokoladenseite einige neue Erfahrungen gemacht haben, möchte ich Ihnen ein weiteres wichtiges Gesichtshälftenphänomen ans Herz legen. Wir Menschen verknüpfen unsere Gesichtshälften mit einer Sach- bzw. Beziehungsseite. Das hat viel mit der Kommunikationsstruktur unserer Familie zu tun, in der wir groß werden. Diese Verknüpfung ist bei jedem Menschen unterschiedlich. Von daher kann man nicht sagen, dass die rechte Seite eher dieses und die linke eher jenes ist. Dennoch besitzt jeder von uns eine Gesichts-Seite, die, wenn Sie angesprochen wird, stärkere Gefühle erzeugt als die andere – unabhängig vom Inhalt. Diese Beziehungsseite ist eine wunderbare Ansprechpartnerin für emotionalere Gespräche. Wenn Sie als Lehrer diese Seite für klare Ansagen, Regelungen oder restriktive Maßnahmen erwischen, findet bei dem Schüler eine stärkere emotionale Reaktion statt, als wenn Sie den Schüler über die Sachgesichtshälfte erwischen. Dazu ein schönes Beispiel: Hausaufgabenbetreuung – Vater und Tochter – im Fach Mathematik – und zwar zu Hause. In vielen Familien ein großes Thema, häufig emotional stark belastet. Wenn ich als Vater neben meiner Tochter auf deren Beziehungsseite sitze, wird sie die Hausaufgaben auch eher als Beziehungsaussage in ihrem Körper interpretieren, sprich die Wahrscheinlichkeit, dass sich beide sehr schnell in die Wolle kriegen, ist relativ groß. Sitzt der Vater auf der Sachseite seiner Tochter, kann sie seinen Erklärungen leichter folgen, da sie die Erläuterungen nicht so stark mit ihrem Gefühl verbindet. Dieses Wissen und die Anwendung können die Arbeit und die Gespräche mit Schülern enorm erleichtern. Es nimmt häufig den körperlichen Druck heraus bzw. lässt mehr Sachlichkeit zu. Das Erkennen dieser Seite ist allerdings nicht so einfach wie im Falle der kommunikativen Schokoladenseite. Sie findet sich weniger in einer äußeren Physiognomie wieder als in einer inneren Verarbeitung der gehörten Informationen.

Mithilfe einer kleinen Übung lässt sich diese Seite allerdings schnell herausfinden. Sie stellen sich mit verschränkten Armen neben einen Schüler. In der Regel wird er seinen Kopf leicht eindrehen und Sie kurz wahrnehmen. Sie beobachten sehr genau seine Mimik. Bleibt der Gesichtsausdruck neutral bzw. verändert sich kaum, können Sie davon ausgehen, dass Sie eher die Sachseite erwischt haben. Schenkt er Ihnen ein kleines Lächeln oder verziehen sich die Mundwinkel leicht nach unten, erweitern oder verengen sich spontan die Augen, dann können Sie davon ausgehen, dass Sie eher die Beziehungsseite erwischt haben. Auf der Beziehungsseite entstehen stärkere emotionale Impulse, die nur schwer zu verdecken sind. Da muss man schon ein Pokerface aufziehen, um diese Impulse zu kontrollieren. Übrigens machen Sie diese Wahrnehmung an ganz vielen Stellen auch schon automatisch. Sehr schön abzulesen bei Spaziergängen im Park mit dem Partner. Schon mal die Seite gewechselt, weil sich das irgendwie besser angefühlt hat? Wenn Sie Ihrem Partner ein Küsschen auf die Wange geben, welche Seite ist eigentlich für Sie angenehmer? Wenn sich Schüler von ihrer besten Seite zeigen, welche ist das eigentlich?

Kunz/Rauch/Schneider: Schülergespräch und Lernberatung – Das Praxisbuch
© Auer Verlag – AAP Lehrerfachverlage GmbH, Donauwörth

An dieser Stelle sei angemerkt, dass die kommunikative Schokoladenseite entweder die Sach- oder die Beziehungsseite sein kann, je nachdem, wie man selber seine Strategie für Beziehungsaufnahme mit anderen Menschen definiert. Kommt man eher über die Distanz bzw. die Sache, wird die Sachseite zur kommunikativen Schokoladenseite. Kommt man eher über Nähe bzw. die emotionale Offenheit, so wird die Beziehungsseite zur kommunikativen Schokoladenseite.

Fazit: Sowohl der Rapport als auch die Gesichtshälftenarbeit sind zwei wunderbare körpersprachliche Instrumente, die ein Gespräch auch in schwierigen Situationen offen halten können. Wenn Sie dann auch noch sehr bewusst auf der sprachlichen Ebene mit (bzw. ohne) Tilgungen, Verallgemeinerungen und Verzerrungen arbeiten, ist die Wahrscheinlichkeit eines erfolgreichen Gesprächsverlaufes sehr groß.

Häufige Formen körpersprachlicher Wirkungsverluste

Neben diesen beiden fundamentalen kommunikativen Wirkungsmechanismen gibt es körpersprachliche Weichzeichner, die in einem Schüler- bzw. Elterngespräch zu Irritationen und Wirkungsverlusten führen können. Aufgrund der Auswertungen von einer Vielzahl von Lehrer-Seminaren zu diesem Thema möchte ich hier einmal kurz die Hitliste präsentieren:

1. Im Raum einen Standpunkt (bzw. Sitzpunkt) einnehmen, d. h. erst zu reden beginnen, wenn auch wirklich vorher ein **Standpunkt (Sitzpunkt) für den Körper** gefunden wurde. Ansonsten kann der Anfang verwischen und ich bekomme als Hörer den Einstieg nicht mit. Darüber hinaus sollten die Redner sich ein Bewusstsein für Nähe und Distanz schaffen. Was brauche ich als Gesprächspartner für eine Entfernung von dem Schüler, um diesen wahrnehmen zu können? Wie muss ich meine stimmliche und körperliche Energie verändern, wenn ich näher bzw. weiter entfernt von ihm sitze oder stehe? Hier bietet sich die Rapportarbeit als echte Gewinnformel an.
2. Sich im Auftreten jünger machen, als man eigentlich ist. Stellen Sie sich doch einfach die Frage, wie gerade Ihr gefühltes Alter ist, wenn Sie in einem Gespräch sind. Häufig findet in stressigeren Situationen eine Verjüngung statt. Man **greift auf alte körperliche Stressverarbeitungsmuster zurück, die irgendwo in der Kindheit verankert worden sind.** Gut zu erkennen bzw. zu erfühlen an unruhigem Hin und Her im Körper. Torsion in der Körperachse (sich winden) bzw. keine volle Aufrichtung mehr (sich kleiner machen) sind gut erkennbare Anzeichen für diesen Prozess. Häufig bringt dieses körpersprachliche Verhalten einen „Weichzeichner" in die gemachte Aussage hinein. Natürlich kann das durchaus seine Wirkung haben, je nach Situation muss man sich allerdings darüber im Klaren sein, dass dieses Verhalten zu keinem brauchbaren Wirkungsergebnis führt. Auch hier gilt: Vermehre die Möglichkeiten deiner Wirkung, indem du dich auf das Altersbedürfnis deines Gegenübers einstellst. Mit diesem Thema eng verbunden ist das ständige Auf- und Abgehen bzw. der Wiegeschritt. Diese „Beruhigungsfaktoren" für den Körper (analog dem Wiegen der Mutter) gehen ebenfalls in die Richtung des Sich-jünger-Machens.
3. Häufig verbunden mit der Altersmasche ist eine **zu hohe Stimmlage**. Für den Hörenden klingt das Gesprochene eher unnatürlich, da der Sprecher nicht in seiner natürlichen Sprechlage klingt. Das Sprechen aus der natürlichen Stimmlage ist eine Grundqualität für effektives Senden. Persönlichkeit leiten wir aus dem lat. Wort *per sonare* (durchtönen) ab. Die phonetische Durchlässigkeit Ihrer Stimme ist ein Hauptbewertungskriterium für Authentizität. Neben dieser sprachlichen Überspannung gibt es auch eine sprachliche bzw. körperliche Unterspannung. Beides sind Wirkungsverluste, die mit einfachen individuellen Mitteln und Qualitäten ausgeglichen werden können. *Kleiner Tipp:* Lassen Sie sich doch zu Weihnachten oder zum Geburtstag mal eine Übungsstunde im Bereich der Sprecherziehung schenken. Das kann eine unglaublich wertvolle Arbeit für Ihr Hauptarbeitsinstrument sein: Ihre Stimme (gute Infos gibt es an jeder Schauspielschule in Ihrer Stadt).
4. Auch leider sehr beliebt sind ständige sprachliche **Aufspanner am Ende des Satzes**. Für den Hörenden klingt diese Aussage dann zum Ende hin offen. Es scheint, dass keine eindeutige Entscheidung von Seiten des Sprechenden getroffen wurde. Fast klingt das Ende wie eine Frage. Als rhetorisches Mittel durchaus brauchbar – als strukturelle Immer-Sprech-Methode jedoch ein riesiger Verwirrungsfaktor. Eine solche Sprech-Gewohnheit blockiert die Unmittelbarkeit der Sprache. Gegensatz dazu: auf Punkt sprechen, um einen klaren Stand-Punkt einzunehmen. Sprachlich findet also zum Ende einer gemachten Aussage ein Abspanner statt.

Zum Abschluss mein persönlicher Liebling: der Wirkungs-Dreischritt für wichtige Aussagen:

1. Einen eindeutigen Standpunkt einnehmen und Raumspannung aufbauen.
2. Klare Ansagen machen – je kürzer desto besser – Ende auf Punkt sprechen.
3. Den Nachklang des Wortes über Augenkontakt zum Angesprochenen halten. Dahinter steckt das alte Kinderspiel: Wer zuerst wegguckt, hat verloren. Warten Sie im Gesicht des Angesprochenen eine mimische Veränderung ab! Erst dann sollten Sie sich einer neuen Aussage bzw. neuen Handlung widmen.

Kunz/Rauch/Schneider: Schülergespräch und Lernberatung – Das Praxisbuch
© Auer Verlag – AAP Lehrerfachverlage GmbH, Donauwörth

7.8 KOLLEGIALER AUSTAUSCH UND KOOPERATION MIT AUSSERSCHULISCHEN HILFS- UND BERATUNGSINSTANZEN

(Jost Schneider)

Zu einer entwickelten Gesprächs- und Beratungskompetenz gehört auch eine realistische Einschätzung der eigenen Grenzen. Gewiss wird man immer erst versuchen, Schwierigkeiten und Konflikte im persönlichen Gespräch zu lösen. Doch es gibt Fälle, in denen man selbst nur der zweitbeste Experte ist und andere, besser gerüstete Spezialisten schneller mehr erreichen können als man selbst. Und darüber hinaus gibt es zweifellos auch Probleme, die alleine durch Gespräche nicht gelöst werden können, bei denen also nicht geredet, sondern gehandelt werden muss.

Wenn Sie bemerken, dass Sie in einem bestimmten Fall selbst keine ausreichende Unterstützung geben können, sollten Sie nicht zögern, sich mit erfahreneren Kollegen auszutauschen oder aber den Schüler (und ggf. auch die Erziehungsberechtigten) an externe Hilfsinstanzen zu „überweisen“. Entscheidend ist hierbei, dass die Überweisung nicht allgemein formuliert werden darf („Vielleicht solltest du dich mal an den Schulpsychologischen Dienst wenden ...“)! Vielmehr muss unbedingt ein konkreter Ansprechpartner, dessen Telefonnummer und/oder der Ort genannt werden, an dem er zu erreichen ist („Hier, unter dieser Telefonnummer erreichst du [bzw. ggf.: dein/e Vater/Mutter] dienstags und donnerstags von 14 bis 18 Uhr Herrn Müller vom Schulpsychologischen Dienst. Du kannst ihn auch direkt in seinem Büro in der Gartenstraße 15 besuchen. Hier hast du ein Kärtchen mit den Kontaktdaten. In 14 Tagen spreche ich dich noch einmal darauf an, was das Gespräch mit Herrn Müller gebracht hat!“).

Wenn der Schüler oder die Erziehungsberechtigten – aus welchen Gründen auch immer – nicht in der Lage sind, selbst einen solchen externen Beratungstermin zu vereinbaren und wahrzunehmen, sollten Sie als Lehrer eine aktive Vermittlungsrolle übernehmen und das Treffen selbst arrangieren. Diese Mehrarbeit lohnt sich in aller Regel, denn das zu lösende, in solchen Fällen meistens recht gravierende Problem ist ja nicht aus der Welt geschafft, wenn weiter nichts geschieht, und macht sich auf die eine oder andere Weise dauerhaft geltend (Unterrichtsstörungen; höherer Korrekturaufwand; fortgesetzte Betreuung in Ihren Sprechstunden; Ärger mit den Erziehungsberechtigten ...). Bevor sich eine solche Angelegenheit zur Neverending-Story auswächst, sollten Sie also besser einen Schnitt machen und externe Hilfe einbeziehen!

Bei Sprechstunden und Beratungsgesprächen sollten Sie deshalb immer eine Liste mit allen Adressen und Ansprechpartnern zur Hand haben, die eine solche Hilfestellung geben können! In den meisten Lehrerkollegien übernimmt eine Person die Aufgabe, eine solche Liste anzufertigen und zu Beginn eines jeden Halbjahres in aktualisierter Fassung allen Kollegen zu mailen und/oder ins Postfach zu legen. Bitte regen Sie ein entsprechendes Vorgehen an, falls dies in Ihrer Schule noch nicht Usus sein sollte.

Unverzichtbare Elemente einer solchen Liste sind die Kontaktpersonen und -daten ...

- ▷ ... der schulpsychologischen Beratungsstelle (z. B. bei Hochbegabung des Schülers oder bei Fehlverhalten von Kollegen)
- ▷ ... des Jugendamtes (z. B. bei Kindeswohlgefährdung oder Verdacht auf Kindesmisshandlung)
- ▷ ... der Erziehungsberatungsstelle (z. B. bei Scheidung oder schweren Krankheiten der Eltern)
- ▷ ... der Jugendhilfeträger (z. B. bei Überschuldung oder Alkoholabhängigkeit der Eltern)
- ▷ ... von spezialisierten Kinder- und Jugendpsychologen (z. B. bei AD(H)S, Legasthenie, Dyskalkulie)
  (vgl. Wichtige Ansprechpartner, KV 20, S. 89)

Darüber hinaus kann es im Hinblick auf bestimmte Auffälligkeiten im Schülerverhalten hilfreich sein, die Anschriften der örtlichen Sportvereine (z. B. bei feinmotorischen Defiziten), der christlichen und nichtchristlichen Kirchengemeinden (z. B. bei Einfluss von Sekten) und auch des örtlichen Bezirksbeamten bzw. des Jugendkontaktbeamten der Polizei (z. B. bei Rechtsextremismus oder Mobbing) auf dieser Liste stehen zu haben.

Natürlich muss im konkreten Einzelfall immer sorgfältig abgewogen werden, ob das jeweilige Problem alleine mit dem Schüler gelöst werden kann, ob das Gespräch mit den Eltern gesucht werden muss, ob erfahrene Kollegen und ggf. die Schulleitung einzubeziehen sind oder ob die genannten externen Hilfsinstanzen eingeschaltet werden müssen. Wichtig ist aber jedenfalls, dass Sie nicht alle Probleme alleine und persönlich zu lösen versuchen oder gar verzweifeln, wenn Ihre Gesprächs- und Beratungskompetenz nicht alle anfallenden Schwierigkeiten zu überwinden erlaubt. Das gute, gelungene, offene und aufrichtige Gespräch kann sehr hilfreich sein, aber es ist kein Universalheilmittel, das alle Probleme mit der bloßen Kraft des Wortes hinwegzuzaubern erlaubt. Wenn sein Potential erschöpft ist, muss zum Wohle des Kindes eine Überweisung des Falles an jene Instanzen erfolgen, die darauf spezialisiert und adäquat dafür ausgerüstet sind.

Kunz/Rauch/Schneider: Schülergespräch und Lernberatung – Das Praxisbuch
© Auer Verlag – AAP Lehrerfachverlage GmbH, Donauwörth

SCHLUSSWORT *(Jost Schneider)*

Form ohne Inhalt bleibt leeres Wortgeklingel. Die geschickteste Gesprächsführung verpufft wirkungslos, wenn Sie inhaltlich nichts erbringt. Doch eine substanzielle Beratung erfordert manchmal nicht nur Expertenwissen, sondern auch Menschenkenntnis und Lebenserfahrung oder sogar eine Prise Altersweisheit.

Umgekehrt gilt freilich auch: Inhalt ohne Form kommt nicht an, erreicht nicht ihren Adressaten und bleibt deshalb genauso wirkungslos. Es ist zweierlei, die Lösung eines Problemes zu kennen und diese Lösung zur richtigen Zeit in der richtigen Form vorzutragen, sodass der Adressat sie sich wirklich und wahrhaftig zu eigen macht.

Das Was und das Wie müssen also beide fortlaufend weiterentwickelt werden, wenn Sie Ihre Gesprächs- und Beratungskompetenz schrittweise optimieren möchten. Die Lektüre eines Buches, wie des hier vorliegenden, kann – so hoffen wir – ein Zwischenschritt auf diesem Weg sein. Aber ergänzt werden muss die Buchlektüre gewiss durch die praktische Erfahrung aus Ihren Schülersprechstunden und auch durch den lebendigen Austausch mit Ihren Kollegen, die zum Teil sicherlich über langjährige Erfahrung in der sinnvollen und zielführenden Gestaltung längerer und kürzerer Schülergespräche verfügen.

Wenn Sie sich einmal im Rahmen einer Lehrerfortbildung gezielt mit dieser ganzen Problematik oder mit angrenzenden Fragestellungen (Elterngespräche; Kollegiale Beratung usw.) beschäftigen möchten, können Sie uns gerne unter **www.lehrerakademie-querenburg.de** zu schulgerechten Preisen für eine derartige Veranstaltung buchen.

Viele Wege können also beschritten werden, wenn man sich nach und nach jenem idealen Ziel annähern will, das wir in diesem Buch umkreist haben: dem gelungenen, vertrauensvollen Gespräch, das den Schüler wirklich weiterbringt und das auch Ihnen das gute Gefühl gibt, Ihrer Bestimmung als Pädagoge gerecht geworden zu sein.

Kunz/Rauch/Schneider: Schülergespräch und Lernberatung – Das Praxisbuch
© Auer Verlag – AAP Lehrerfachverlage GmbH, Donauwörth

LITERATURVERZEICHNIS

Andreas, Tom: Metamodell der Sprache. Unterrichtsmaterialien. Köln 2010.

Bamberger, Günter G.: Lösungsorientierte Beratung. Praxishandbuch. Weinheim, Basel 2005.

Bartscher, Matthias: Herbstakademie – ganz! – individuell. Tagungsmaterialien. Münster 2012.

Bauer, Joachim: Warum ich fühle, was du fühlst. Intuitive Kommunikation und das Geheimnis der Spiegelneuronen. 14. Aufl. Hamburg 2006.

Becker-Mrotzek, Michael (Hrsg.): Mündliche Kommunikation und Gesprächsdidaktik. Hohengehren 2009.

Boelmann, Jan/Roberg, Thomas/Sawatzki, Dennis/Schlechter, Dirk/Schneider, Jost: Erziehungs- und Ordnungsmaßnahmen sinnvoll einsetzen. Das Praxisbuch. Profi-Tipps und Materialien aus der Lehrerfortbildung. Donauwörth 2011.

Boettcher, Wolfgang/Meer, Dorothee (Hrsg.): „Ich hab nur ne ganz kurze Frage"– Umgang mit knappen Ressourcen. Sprechstundengespräche an der Hochschule. Neuwied u. a. 2000.

Brock, Alexander/Meer, Dorothee: Macht – Hierarchie – Dominanz – A-/Symmetrie. Begriffliche Überlegungen zur kommunikativen Ungleichheit in institutionellen Gesprächen. In: Gesprächsforschung: Online-Zeitschrift zur verbalen Interaktion. Bd. 5 (2004), S. 184–209.

Brüning, Ludger/Saum, Tobias: Erfolgreich unterrichten durch Kooperatives Lernen. Strategien zur Schüleraktivierung. Essen 2009.

Christian, Hatto: Das Klassenklima fördern. Ein Methodenhandbuch. Berlin 2003.

Dilts, Robert B.: Die Magie der Sprache. Paderborn [3]2008.

Ginko-Landeskoordinierungsstelle Suchtvorbeugung. NRW (Hg.): Move – Motivierende Kurzintervention bei konsumierenden Jugendlichen. Die Stadien der Verhaltensänderung, Mülheim a. d. Ruhr, 2003, S. 7.

Green, Norm/Green, Kathy: Kooperatives Lernen im Klassenraum und im Kollegium. Das Trainingsbuch. Seelze-Velber 2005.

Henning, Claudius/Ehinger, Wolfgang: Das Elterngespräch in der Schule. Von der Konfrontation zur Kooperation. Donauwörth 2012.

Hessisches Kultusministerium (Hrsg): Förderung von Lernkompetenzen und Schlüsselqualifikationen. Methodenbausteine für den Unterricht. Teil 1 + 2, [2]2005.

Kliebisch, Udo W./Meloefski, Roland: Beratungstrainer für junge Lehrer. Die wesentlichen Techniken zur kompetenten Beratung von Eltern und Schülern. Buxtehude 2011.

Krucinski, Andrea: Soziales Lernen im Unterricht. Praxiserprobte Bausteine und Anregungen. Berlin 2011.

Meidinger, Hermann: Stärke durch Offenheit. Ein Trainingsprogramm zur Verbesserung der Kommunikations- und Konfliktfähigkeit von Lehrern. Berlin 2000.

Miller, Reinhold: Beziehung und Interaktion. Weinheim [3]2001.

Molnar, Alex/Lindquist, Barbara: Verhaltensprobleme in der Schule. Lösungsstrategien für die Praxis. Dortmund 2006.

Leisenheimer, Gerhard/Loch, Werner: Soziales Lernen und Methodenlernen. Bd. 6. Kompetenzcurriculum Kommunikation – ein Trainingsprogramm für die Sekundarschule. Kobern-Gondorf [5]2007.

Pallasch, Waldemar/Kölln, Detlef: Pädagogisches Gesprächstraining. Lern- und Trainingsprogramm zur Vermittlung pädagogisch-therapeutischer Gesprächs- und Beratungskompetenz. Völlig überarb. u. erw. Neuausg. 8. Aufl. Weinheim u. München 2011.

Palmowski, Winfried/Freyling, Brigitte: Kooperationsfördernde Gespräche mit Eltern durch Moderation. In: Zeitschrift für Heilpädagogik Heft 3/1997, S. 117–120.

Palmowski, Winfried: Der Anstoß des Steines. Systemische Beratung im schulischen Kontext. Ein Einführungs- und Lernbuch. 5., überarb. und erw. Aufl. Dortmund 2002.

Pfitzner, Michael: Kevin macht mich sprachlos. Kommunikative Kompetenz im Lehrer-Schüler-Gespräch. Hohengehren 2007.

Prochaska, J. O./Norcross, J. C. & DiClemente, C. C.: Changing for good. New York, 1994.

Rattay, Cathrin/Schneider, Jost/Wensing, Rainer/Wilkes, Oliver: Unterrichtsstörungen souverän meistern. Das Praxisbuch. Profi-Tipps und Materialien aus der Lehrerfortbildung. Donauwörth 2011.

Röthke, Manuela: „Gewaltfreie Kommunikation" in Beratungsgesprächen. Studie zu einem konflikthemmenden Sprachhandlungsmodell für das pädagogische Arbeitsfeld des Beratungsgesprächs (Einzelgesprächs). Hamburg 2009.

Rosenberg, Marshall B.: Erziehung, die das Leben bereichert. Wie gewaltfreie Kommunikation im Schulalltag dazu beiträgt, die Leistungsfähigkeit zu verbessern, Konfliktpotentiale abzubauen und Beziehungen zu fördern. Paderborn 2007.

Rust, Serena: Wenn die Giraffe mit dem Wolf tanzt: Vier Schritte zu einer einfühlsamen Kommunikation. Burgrain 2010.

Schulz von Thun, Friedemann: Miteinander reden 1: Störungen und Klärungen. Hamburg 1993.

Stanford, Gene: Gruppenentwicklung im Klassenraum und anderswo. Praktische Anmerkungen für Lehrer und Erzieher. Aachen-Hahn 1998.

Tomasello, Michael: Die Ursprünge der menschlichen Kommunikation. Frankfurt a. M. 2009.

Wagner, Roland W.: Mündliche Kommunikation in der Schule. Paderborn u. a. 2006.

Wahl, Diethelm: Lernumgebungen erfolgreich gestalten. Vom trägen Wissen zum kompetenten Handeln. Bad Heilbrunn 2005.

Kunz/Rauch/Schneider: Schülergespräch und Lernberatung – Das Praxisbuch
© Auer Verlag – AAP Lehrerfachverlage GmbH, Donauwörth

Material-sammlung

Unterrichtsrelevante Schülerkompetenzen (nach Brüning/Saum 2009)

Die Schüler der Klasse beherrschen die Kompetenz:

	☺	😐	☹	Priorität
1. Konstruktiv miteinander kommunizieren				
jemandem zuhören				
leise miteinander sprechen				
Blickkontakt halten				
ausreden lassen können				
aktiv zuhören				
in der Gruppe sitzen und bleiben				
auf freundliche Weise Sachkritik üben				
sich auf Beiträge beziehen und sie ergänzen				
Beiträge von anderen zusammenfassen				
Gesprächsanteile in der Gruppe gleichmäßig verteilen				
Ideen zusammentragen und auf den Punkt bringen können				
Zusammenarbeit reflektieren können				
Kompromisse finden und akzeptieren				
zu Empathie und zum Perspektivwechsel in der Lage sein				
2. Sich gut benehmen				
sich entschuldigen können				
sich begrüßen				
sich bedanken				
Auskünfte freundlich geben und erfragen können				
3. Sich gegenseitig unterstützen, helfen und voranbringen				
anderen Hilfe anbieten				
selbst Hilfe annehmen				
zu zweit abfragen, Ergebnisse vergleichen und verbessern				
sich bei Partnerarbeit loben				

Kunz/Rauch/Schneider: Schülergespräch und Lernberatung – Das Praxisbuch
© Auer Verlag – AAP Lehrerfachverlage GmbH, Donauwörth

sich gegenseitig aufbauen durch loben; nonverbal ermutigen und Erfolge feiern				
in Dreier- und Vierergruppen Ergebnisse vergleichen und verbessern				
Funktionen innerhalb der Lerngruppe verteilen, verrichten und auswerten				
Feedback geben				
Klärung oder Verständnis erfragen				
Antworten ergänzen				
Gruppenprozesse reflektieren können				
4. Verantwortung für die eigene Klasse übernehmen können				
Regeln einhalten				
niemanden ausgrenzen				
die eigene Klasse sauber halten				
Aufgaben in der Klasse zuverlässig übernehmen				
5. Konflikte fair austragen können				
auf freundliche Weise Kritik üben, dabei Sache und Person trennen				
Kritik auf personaler Ebene freundlich und konstruktiv äußern				
Kritik annehmen				
bei Konflikten vermitteln				
sich einigen (einen Konsens bilden)				

Kunz/Rauch/Schneider: Schülergespräch und Lernberatung – Das Praxisbuch
© Auer Verlag – AAP Lehrerfachverlage GmbH, Donauwörth

Der Gruppendynamische Prozess

Phasen – wichtige Fragen – typische Verhaltensmuster

Phase	Wichtige Fragen	Typische Verhaltensmuster
Orientierung	• Welche der anderen Gruppenmitglieder werde ich kennen? • Wie werde ich von der Gruppe angenommen? • Kann ich einen „guten Platz“ in der Gruppe bekommen? • Wie wird der Lehrer sein? • Werde ich den Lehrer sympathisch finden? • Werde ich mit meinen Leistungen eher zu den Stärkeren oder eher zu den Schwächeren gehören?	• sich bekannten anderen Schülern anschließen • Mädchen setzen sich neben Mädchen, Jungen neben Jungen. • eher vorsichtiges und zurückhaltendes Verhalten • eher leise Gespräche zwischen einzelnen Schülern • eher schweigendes Abwarten • auf Nachfragen eher vorsichtige Meinungsäußerung • eher vorsichtige Aussagen
Machtkampf	• Wo stehe ich in der Rangliste der ‚Stärke'? • Wo stehe ich in der Rangliste der Beliebtheit? • Wo stehe ich in der Rangliste der schulischen Leistungsfähigkeit? • Gegen wen würde ich einen Kampf (körperlich/mit Worten) gewinnen/verlieren?	• Seitengespräche im Unterricht beginnen (leiser – lauter) • Spontane Wortbeiträge nehmen zu. • Es wird auch über Äußerungen anderer Schüler gelacht. • Kommunikation wird direkter. • Bemerkungen werden direkter, intensiver, z.T. auch frecher. • Aussagen des Lehrers werden kommentiert (pos./neg.) oder hinterfragt.
Rollen-Findung /Zuweisung	• Was kann ich gut, was andere nicht können? • Was kann ich im Vergleich zu anderen auffallend schlecht?	• Aussagen von Mitschülern oder vom Lehrer wird widersprochen oder diese werden sogar abgewertet. • Erste Diskussionen über Entscheidungen des Lehrers finden statt.
Normenfindung	• Wird der Lehrer eher streng oder locker sein? • Darf ich während des Unterrichts mit anderen reden (nur ganz leise, auch mal lauter)? • Darf ich in die Klasse rufen – oder muss ich mich immer melden? • Darf ich den Lehrer etwas fragen – oder werde ich abgewiesen? • Was geschieht, wenn ich eine ‚falsche' Antwort gebe?	

Kunz/Rauch/Schneider: Schülergespräch und Lernberatung – Das Praxisbuch
© Auer Verlag – AAP Lehrerfachverlage GmbH, Donauwörth

	• Lassen mich die anderen Hausaufgaben abschreiben? • Welche Regeln gelten für die Arbeit in unserer Klasse? • Welche Regeln gelten für unseren Umgang mit dem Lehrer? • Welche Regeln gelten für den Umgang des Lehrers mit uns?	
Umgang mit Konflikten	• Traue ich mich, zu sagen, was mich stört oder sogar sehr belastet? • Wer hilft mir (Mitschüler/Lehrer), wenn mir Unrecht geschieht oder ich bedroht werde? • Welche Regeln gelten für den Umgang mit Konflikten zwischen Schülern und zwischen Lehrer und Schülern?	
Produktivität	• Wie arbeiten wir effektiv zusammen? • Wie kann ich meine Mitschüler beim Lernen/bei der Arbeit unterstützen? • Welche Ideen kann ich zur Verbesserung der Arbeit einbringen? • Wie kann ich zu einem guten Arbeitsklima beitragen?	• Alle kennen und schätzen sich und ihre Fähigkeiten. • Phasen von Partner- und Kleingruppenarbeit werden von allen genutzt. • In Phasen der Plenumsarbeit sind alle aktiv dabei. • Alle gehen konstruktiv auch mit komplexen Aufgabenstellungen um. • Die Kommunikation ist offen und direkt. • Konflikte werden in offener Diskussion zur Zufriedenheit aller geklärt. • Alle fühlen sich für die gute Arbeitsatmosphäre verantwortlich.
Auflösung	• Werde ich eine neue Gruppe finden, in der ich mich wohl fühle? • Wie werde ich es schaffen, mich in eine neue Gruppe zu integrieren? • Wann werde ich die anderen noch einmal treffen? • Wie wird es uns dann gehen?	• Erinnerungen an besondere Gruppenereignisse werden erzählt und damit wach gehalten. • wehmütige Anmerkungen zum Ende der Gruppe • Nachdenken über das, was kommt • Formulierung von Hoffnungen und Wünschen an die Zukunft

Kunz/Rauch/Schneider: Schülergespräch und Lernberatung – Das Praxisbuch
© Auer Verlag – AAP Lehrerfachverlage GmbH, Donauwörth

Übung 4.1

Subjektive Theorien leistungsstarker und leistungsschwacher Schüler

- Stellen Sie sich verschiedene „leistungsstarke" und verschiedene „leistungsschwache" Schüler vor.
- Rufen Sie sich das Lern-/Sozial-/Arbeitsverhalten eines jeden Schülers in bestimmten Situationen vor Augen.
- Formulieren Sie für jeden Schüler ein bis zwei Sätze als Subjektive Theorie (Ich-Form, vgl. Beispiele Tabelle 3, S. 22), die sein Handeln im Prinzip widerspiegeln.
- Vergleichen Sie die Subjektiven Theorien der „leistungsstarken" Schüler:
  Welche Grundüberzeugungen stehen bei allen Schülern hinter ihrem Handlungsmuster?
- Vergleichen Sie die Subjektiven Theorien der „leistungsschwachen" Schüler:
  Welche Grundüberzeugungen stehen bei allen Schülern hinter ihrem Handlungsmuster?
- Tabelle 4, S. 23, gibt wieder, welche Grundüberzeugungen das Handeln von Menschen entscheidend leiten:
  Welche der vier Aspekte sind vor allem für leistungsstarke Schüler bestimmend?
  Welche der vier Aspekte sind vor allem für leistungsschwache Schüler bestimmend?

Kunz/Rauch/Schneider: Schülergespräch und Lernberatung – Das Praxisbuch
© Auer Verlag – AAP Lehrerfachverlage GmbH, Donauwörth

Übung 4.2

Übung: Reagieren auf Schüleräußerungen

Bitte lesen Sie die folgenden Äußerungen einzeln sorgfältig durch. Versuchen Sie so gut wie möglich, die Sätze jeweils so umzuformulieren, dass jeweils nur einer der vier Aspekte einer Nachricht im Vordergrund steht.

Finden Sie also zu jedem Satz eine Formulierung für den

- Sachaspekt
- Appell-Aspekt
- Beziehungsaspekt
- Selbstoffenbarungsaspekt

Stellen Sie sich dazu vielleicht einen Schüler vor, der so etwas sagen könnte. Es geht darum, sich in den jeweils anderen Blickwinkel hineinzuversetzen – nicht um eine „korrekte Kommunikationsbeschreibung".

1. „Englisch ist doch der letzte Scheiß. Sollen doch die Engländer Deutsch lernen, wenn sie was wollen."
2. „Das schreibe ich nicht ab. Das können Sie selber machen!"
3. „Immer dieses ewige Sülzen."
4. „... und dann hauen wir tierisch auf die Kacke."
5. „Ihr Gelaber geht mir aber total auf den Keks."
6. Die Schüler haben Unterricht in Sozialkunde. Der Lehrer hat barsch um Ruhe gebeten.
   Da ruft Rolf: „Das soll wohl noch demokratisch sein, was?"
7. Die Schüler haben Unterricht in Sozialkunde. Es geht um Arbeitsmarktprobleme.
   Da meint Holger: „Die Türken nehmen uns doch nur alle Arbeitsplätze weg."
8. „Die Weiber heulen ja doch immer gleich."
9. „Was glotzen Sie so?"
10. „Dem Norbert müssen Sie einfach eine langen, dann ist der ruhig. Anders kapiert er das nicht."
11. „Ich check das einfach nicht!"
12. „Warum haben denn die Lehrer ein eigenes Klo?"
13. „Waren Sie eigentlich auch mal jung?"
14. „Bei Frau Schulz dürfen wir das aber!"

Musterlösung, s. KV 8, S. 73/74

Kunz/Rauch/Schneider: Schülergespräch und Lernberatung – Das Praxisbuch
© Auer Verlag – AAP Lehrerfachverlage GmbH, Donauwörth

Übung 4.3

Aktives Zuhören

Aktives Zuhören bedeutet:

- Ich höre und sehe, was du fühlst.
- Ich verstehe, wie du die Dinge im Moment siehst.
- Ich fälle kein Urteil über dich.
- Du brauchst keine Angst vor meiner Kritik zu haben.

Ich verzichte auf:

- werten oder deuten,
- manipulatives Forschen,
- Lösungen geben,
- befehlen,
- drohen oder schimpfen,
- schmeicheln,
- lächerlich machen.

Ich frage:

- „Habe ich die Inhalte deiner Aussage verstanden?"
- „Habe ich die Gefühle meines Gesprächspartners erkannt?"

Ich spreche primär über meine Beobachtungen und Wahrnehmungen – ich sende „Ich-Botschaften" und nicht (meist negativ wertende) "Du-Botschaften" (Du sollst … Du hättest schon lange ...)

Das Reflektieren

Reflexion von Sachinhalten:

- „Wenn ich dich richtig verstanden habe ..."
- „Mit anderen Worten ..."
- „Sie glauben, dass ..."
- „Ihrer Meinung nach ..."

Reflexion von Gefühlen:

- Sie sind verärgert, weil ...
- Sie befürchten, dass ...
- Sie fühlen sich jetzt ...
- Sie haben Bedenken ...

Weiterführung eines Gedankens des Gesprächspartners:

Grundhaltung ist:

Ich möchte den anderen verstehen! Ich möchte die „innere Gehirnlandkarte" meines Gegenübers wertschätzend erforschen! (ohne Bewertung!) (nicht: ich will ihm seine Fehler, Irrtümer, Dummheiten verdeutlichen!)

Bitte lesen Sie die Äußerungen in der Übung 4.2 erneut durch und überlegen Sie bitte, welche Gefühle die Personen empfinden, die diese Äußerungen getan haben. Dann sprechen Sie diese Gefühle durch Aktives Zuhören und Reflektieren an. Versuchen Sie also, das emotionale Empfinden der Schüler genau anzusprechen.

Auch hier geht es um eine sprachliche Übung und nicht um sachliche Korrektheit, insofern ist es erlaubt, sich einen Schüler vorzustellen, der diese Äußerung hätte sagen können, und dann entsprechend zu reagieren.

Kunz/Rauch/Schneider: Schülergespräch und Lernberatung – Das Praxisbuch
© Auer Verlag – AAP Lehrerfachverlage GmbH, Donauwörth

Übung 4.4

Störenden Verhaltensmustern einen neuen Rahmen geben (Refraiming)

- Stellen Sie sich einen konkreten Schüler vor, mit dem Sie schon lange einmal ein Gespräch führen sollten/wollten. Leider hat dieser Schüler einige Verhaltensmuster, die Sie ziemlich unangemessen finden (z.B. im Unterricht quatschen, essen, anderen ins Wort fallen ...) – und Sie können sich nicht vorstellen, mit ihm ein „vernünftiges Gespräch“ zu führen.
- Notieren Sie diese Eigenschaften und Verhaltensweisen des Schülers und alles, was Sie an ihm stört, in der Spalte ‚Beobachtete Verhaltensmuster‘.
- Haben Sie diese Liste abgeschlossen, dann überlegen Sie für jede notierte Eigenschaft eine „positive Deutung“ in der entsprechenden Spalte.
  Beispiel: Schüler ruft in den Unterricht – sehr spontan, rasche Reaktion
  Schüler meldet sich nie – ruhiger Beobachter des Geschehens
  Schüler unterhält sich im Unterricht – sehr kontaktfreudig/kommunikativ

Störende Verhaltensweisen/Eigenschaften	Positive Deutung

Musterlösungen, s. KV 9, S. 75/76

Kunz/Rauch/Schneider: Schülergespräch und Lernberatung – Das Praxisbuch
© Auer Verlag – AAP Lehrerfachverlage GmbH, Donauwörth

Übung 4.5

Botschaften

- Lesen Sie jede der unten genannten „Gesprächseinladungen" und fragen Sie sich, welche Botschaften damit dem Schüler übermittelt werden und welche Gefühle damit im Schüler hervorgerufen werden.
- Versuchen Sie, diese problematischen Einstiegsformulierungen im Sinne der gewaltfeien Kommunikation neu zu formulieren. Damit kann nicht eine „wörtliche Übersetzung", sondern eher eine Übertragung gemeint sein.
- Vergleichen Sie die „Botschaften" beider Formulierungen.

1. „Na, Sven, das war wohl nichts in der letzten Arbeit. Ich hatte nach den letzten Arbeiten gedacht, du hättest die Kurve gekriegt und es würde jetzt mit dir aufwärts gehen. Also, wir müssen mal darüber reden. So kann es nicht weitergehen, denke ich. Ich bin sicher, du kannst es besser."
2. „Daniela, so kann es nicht weitergehen. Nach jeder Stunde kommst du zu mir nach vorne und beschwerst dich, ich würde dich zu wenig drannehmen. Ich muss auch die anderen sehen. Ich habe dich heute zwei Mal aufgerufen – und im übrigen habe ich dich schon oft ermahnt, nicht in die Klasse zu rufen. Das nervt mich total."
3. „Also, Simon. Ich nehme dich sehr wohl dran, aber du meldest dich nicht so häufig. Aber wenn du möchtest, können wir gerne einmal darüber sprechen. Ich erkläre dir, wie die Note zustande kommt, und dann wirst du sehen, dass ich sehr bemüht bin, gerecht zu sein."
4. „Ja, Ruth, der Leistungsabfall in den Noten nach der Krankheit ist ja wirklich sehr beträchtlich. Und jetzt willst du alles noch aufholen und dann den Sprung in die Oberstufe wagen? Da hast du dir ja viel vorgenommen. Da wäre ich mir nicht so sicher, ob das reibungslos klappt."
5. „Manuela, ich bin fassungslos, wie du Alex dein Nacktfoto schicken konntest. Und wir sollen wieder alles retten! Wie konnte so etwas passieren?"
6. „Alex, Manuela hat uns berichtet, dass du das Nacktfoto von ihr ins Netz gestellt hast. Was hast du dir denn dabei gedacht? Wie kann man nur so etwas machen?"
7. „Richard, ich habe dich schon häufig ermahnt, nicht solche abwertenden Bemerkungen zu Äußerungen im Unterricht, insbesondere von Schülerinnen, zu machen. Das vergiftet die Atmosphäre in der Klasse und macht mich wütend. Das muss sich ändern – wir müssen darüber sprechen."

Musterlösungen, s. KV 11, S. 77/78

Kunz/Rauch/Schneider: Schülergespräch und Lernberatung – Das Praxisbuch
© Auer Verlag – AAP Lehrerfachverlage GmbH, Donauwörth

Reagieren auf Schüleräußerungen (Lösung zu KV 4)

	Inhaltsaspekte			
Schüleräußerung	**Sache**	**Appell**	**Beziehung**	**Selbstoffen-barung**
„Englisch ist doch der letzte Scheiß. Sollen doch die Engländer Deutsch lernen, wenn sie was wollen."	Die englische Sprache ist für mich schwer verständlich und deshalb eine Zumutung.	Ich brauche Hilfe, um mit dieser Aufgabe klar zu kommen.	Ich habe eine Abneigung gegen das Fach Englisch, weil ich keine Chancen sehe, etwas zu verstehen.	Ich habe solche Lücken und Verständnisprobleme in Englisch, dass ich allein damit überfordert bin.
„Das schreibe ich nicht ab. Das können Sie selber machen!"	Ich werde den Text nicht abschreiben.	Können Sie mir mal erklären, wozu das gut sein soll?	Schon oft haben Sie mir unsinnige Aufträge gegeben – nur damit ich etwas tue. Ich misstraue ihnen und ihren Aufgabenstellungen.	Ich kann keinen Sinn in der Aufgabe sehen.
„Immer dieses ewige Sülzen."	Dies sind Antworten, die sie hören wollen, die aber nicht die Meinung des Sprechers wiedergeben.	Leute, sagt eure Meinung – und nicht das, was der Lehrer hören will!	Ich halte nichts von den Mitschülern, die dem Lehrer nach dem Mund reden.	Ich dachte immer, wir würden hier offen diskutieren und tatsächlich die eigene Meinung sagen. Jetzt bin ich enttäuscht über diese Verlogenheit.
„... und dann hauen wir tierisch auf die Kacke."	...dann tun wir etwas, wo wir unseren Frust und unsere Aggressionen los werden können.	... und wenn alles hier vorbei ist, dann muss es ein richtiges Kontrastprogramm zum Bisherigen geben.	... von dem, was bisher hier abgelaufen ist, halte ich nicht viel. Ich bin froh, wenn es vorbei ist.	... wir wollen endlich einmal das tun, was wir bestimmen, was wir wollen.
„Ihr Gelaber geht mir aber total auf den Keks."	Ihre Äußerungen sind für mich inhaltslos und machen mich aggressiv.	Hören Sie auf, so zu reden!	Sie sind dumm oder haben von der Sache keine Ahnung – und tun dann noch wichtig!	Ich kann mit ihren Äußerungen nichts anfangen, kann sie aber auch mit Argumenten nicht stoppen – und bin so ärgerlich über mich und sie.
Die Schüler haben Unterricht in Sozialkunde. Der Lehrer hat barsch um Ruhe gebeten. Da ruft Rolf: „Das soll wohl noch demokratisch sein, was?"	Ich sehe einen Widerspruch zwischen ihren theoretischen Äußerungen und ihrem praktischen Handeln.	Wenn wir über Demokratie sprechen und diese wichtig finden, dann sollte es im Unterricht auch demokratisch zugehen.	Sie sind unglaubwürdig: Sie predigen Demokratie und handeln wie ein Autokrat.	Ich bin enttäuscht und verärgert. Wenn Demokratie so wichtig ist, wie wir es gelernt haben, dann sollten Lehrer besonderen Wert auf demokratisches Handeln legen.
Die Schüler haben Unterricht in Sozialkunde. Es geht um Arbeitsmarktprobleme. Da meint Holger: „Die Türken nehmen uns doch nur alle Arbeitsplätze weg."	Arbeitsplätze, die von Arbeitern aus der Türkei besetzt sind, stehen nicht für einen Deutschen zur Verfügung.	Es sollte verboten werden, dass türkische Mitbürger einem Deutschen den Arbeitsplatz wegnehmen.	Die türkischen Mitbürger sind neidisch auf unseren Lebensstandard, wollen auch einen Teil davon haben und nehmen uns deshalb Arbeitsplätze weg.	Ich mache mir Sorgen, ob ich gut genug bin, einen guten Arbeitsplatz zu finden, wenn so viele ausländische Mitbürger auch einen Arbeitsplatz suchen.

Kunz/Rauch/Schneider: Schülergespräch und Lernberatung – Das Praxisbuch
© Auer Verlag – AAP Lehrerfachverlage GmbH, Donauwörth

	Inhaltsaspekte			
Schüleräußerung	**Sache**	**Appell**	**Beziehung**	**Selbstoffenbarung**
„Die Weiber heulen ja doch immer gleich."	„Mädchen sind meist sehr empfindlich und ihnen kommen leicht die Tränen."	„Lass dich davon nicht irritieren. Die sind eben überempfindlich und Tränen bedeuten bei ihnen noch lange nicht etwas Schwerwiegendes."	„Von den Mädchen mit dem überempfindlichen Getue halte ich gar nichts. Die ignoriere ich einfach."	„Ich verstehe die Mädchen nicht – und das Geheule irritiert mich. Das tut man doch nur, wenn etwas wirklich Schwerwiegendes passiert ist. Solche Gefühle sind mir verdächtig."
„Was glotzen Sie so?"	„Sie sehen mich sehr direkt an und lassen Ihren Blick nicht mehr von mir ab. Weshalb?"	„Fixieren Sie mich nicht so mit Ihrem Blick! Das irritiert mich."	„Ihr durchdringender Blick wirkt auf mich wie eine Bedrohung und ich fürchte Sie und Ihr mögliches Verhalten."	„Ihr fester Blick irritiert mich: habe ich etwas falsch gemacht? Habe ich jetzt etwas Negatives zu erwarten? Ich bin verunsichert und ängstlich."
„Dem Norbert müssen Sie einfach eine langen, dann ist der ruhig. Anders kapiert er das nicht."	„Norbert ist Ohrfeigen gewohnt, und auf diese Sprache reagiert er."	„Reden Sie nicht lange, geben Sie ihm eine Ohrfeige, alles andere ist Zeitverschwendung."	„Sie haben nicht kapiert, dass Norbert nur auf Ohrfeigen und nicht auf Reden reagiert. Das ist doch dumm!"	„Wenn noch nicht einmal der Lehrer Norbert Grenzen setzen kann oder will, dann mache ich mir Sorgen, wenn sich Norbert mit mir anlegt."
„Ich check das einfach nicht!"	„Ich verstehe in dieser Situation ganz vieles nicht."	„Kann mir mal jemand helfen zu verstehen, was in dieser Situation wie zusammenhängt?"	„Ich verstehe vieles nicht – viele sehen deshalb mitleidig auf mich herab und ich fürchte, niemand will mir dabei helfen."	„Ich komme in dieser Situation an meine Grenzen und ich fürchte, deshalb im Ansehen der Klasse abzufallen."
„Warum haben denn die Lehrer ein eigenes Klo?"	„Lehrer und Schüler haben getrennte Toiletten."	„Ich möchte gerne einmal wissen, wie anders die Lehrertoiletten sind und weshalb sie eigene haben."	„Die Lehrer fühlen sich doch als etwas Besseres als wir Schüler und wollen sich durch eigene Toiletten von uns abgrenzen."	„Ich möchte mir auch gerne Sonderrechte zubilligen, wie die Lehrer das tun."
„Waren Sie eigentlich auch mal jung?"	„Sie verstehen uns offensichtlich nicht. Denken Erwachsene anders als Jugendliche?"	„Erinnern Sie sich doch einmal an die Zeit, als Sie jung waren. Damals haben Sie auch sicher manchen Blödsinn gemacht."	„Ich bin enttäuscht von Ihnen, weil Sie keinen Humor und kein Verständnis für unsere Streiche haben."	„Ich bin enttäuscht und sauer, dass unser Lehrer keinen Humor hat und keinen Spaß versteht. Er verdirbt uns die gute Stimmung."
„Bei Frau Schulz dürfen wir das aber!"	„Frau Schulz hat uns dies erlaubt."	„Bitte, es ist für uns viel praktischer, wenn wir es so machen dürfen wie bei Frau Schulz."	„Wir sind enttäuscht von Ihnen, Sie sind so streng und so kleinlich im Vergleich zu Frau Schulz."	„Wir hatten gehofft, es wäre bei Ihnen mindestens so entspannt und locker wie bei Frau Schulz."

Kunz/Rauch/Schneider: Schülergespräch und Lernberatung – Das Praxisbuch
© Auer Verlag – AAP Lehrerfachverlage GmbH, Donauwörth

Störenden Verhaltensmustern einen neuen Rahmen geben (Refraiming)

(Lösung zu KV 6)

Schüler Richard (Beispiel 2 d, S. 7)

Störende Verhaltensweisen/Eigenschaften	Positive Deutung
• Ist sehr von sich eingenommen	• Hat ein hohes Selbstbewusstsein
• Beansprucht große Aufmerksamkeit in der Klasse	• Schafft es, Aufmerksamkeit für sich herzustellen, und ist sich seiner Macht bewusst
• Führt häufig Seitengespräche	• Ist sehr kontaktfreudig und kommunikativ
• Präsentiert sich in der Klasse gerne als „welterfahren“	• Versteht sich gut zu präsentieren
• Provoziert gerne mit „kernigen Männer-Sprüchen“	• Verfügt über eine Ausstrahlung und erwidert gerne diese Wertschätzung
• Genießt es, wenn Mädchen ihn „anhimmeln“, und pflegt entsprechende Kontakte während des Unterrichts	• Steht zu seiner (spontanen) Meinung und ist risikobereit
• Vertritt gerne auch gewagte Thesen, ohne sie sorgfältig begründen zu können	• Verfolgt geschickt und unbeirrt seine Ziele und lässt sich nicht ablenken
• Setzt sich geschickt und beharrlich für seine Interessen ein	• Ist sensibel, insbesondere in Situationen, in denen seine Interessen gefährdet sind
• Reagiert beleidigt, wenn man seinen Auftritt nicht gebührend bewundert	

Kunz/Rauch/Schneider: Schülergespräch und Lernberatung – Das Praxisbuch
© Auer Verlag – AAP Lehrerfachverlage GmbH, Donauwörth

Störenden Verhaltensmustern einen neuen Rahmen geben (Refraiming)

(Lösung zu KV 6)

Schülerin Marie (Beispiel 3a)

Störende Verhaltensweisen/Eigenschaften	Positive Deutung
• Redet sehr häufig mit den Nachbarinnen	• Ist sehr kontaktfreudig
• Beteiligt sich kaum am Unterricht	• Setzt ihre Energien zielgerichtet ein
• Wenn sie nicht quasselt, schaut sie gelangweilt in die Runde.	• Betrachtet das Unterrichtsgeschehen aus der Distanz
• Total desinteressiert am Stoff	• Setzt klare Prioritäten
• Wird sie zum Stoff aufgerufen, reagiert sie irgendwie arrogant und auch hilflos abweisend	• Lässt sich nicht durch Kleinigkeiten irritieren
• Erhält sie eine Klassenarbeit mit einer schwachen Note zurück, schiebt sie die „Schuld" auf den „uninteressanten und schweren Stoff"	• Investiert Energie nur in für sie wichtige Dinge des Lebens
• Wird sie auf Ihre Mitarbeit angesprochen, zuckt sie mit den Schultern und antwortet ausweichend	• Lässt sich nicht aus der Ruhe bringen und versucht, souverän zu reagieren
• Inspiziert die Fingernägel und ihr Make-up im Unterricht – und kämmt sich häufiger	• Achtet sehr auf ihr Äußeres
• Tauscht sich während des Unterrichts über ihre Kleidung und die der Nachbarinnen aus	• Ist modebewusst und hält sich auf dem Laufenden in Sachen Mode und Lebensstil
• Führt das Heft für das Fach sehr oberflächlich	• Unterscheidet konsequent zwischen wichtig und unwichtig

Kunz/Rauch/Schneider: Schülergespräch und Lernberatung – Das Praxisbuch
© Auer Verlag – AAP Lehrerfachverlage GmbH, Donauwörth

Botschaften: Gewaltfreie Kommunikation – Alternative Fomulierungen

(Lösung zu KV 7)

Ausgangsformulierung	Formulierung nach den Regeln gewaltfreier Kommunikation
1. „Na, Sven, das war wohl nichts in der letzten Arbeit. Ich hatte nach den letzten Arbeiten gedacht, du hättest die Kurve gekriegt und es würde jetzt mit dir aufwärts gehen. Also, wir müssen mal darüber reden. So kann es nicht weitergehen, denke ich. Ich bin sicher, du kannst es besser."	„Ich vermute, du bist über die Note in der Arbeit enttäuscht – und ich selbst bin auch darüber irritiert. Denn ich hatte mit einer besseren Note gerechnet nach deiner bisherigen Leistungsentwicklung. Ich möchte gerne verstehen, wie es dazu kommen konnte und wie ich dich dabei unterstützen kann, wieder die Wende zu schaffen. Deshalb möchte ich dich um ein Gespräch über weitere gemeinsame Schritte bitten."
2. „Daniela, so kann es nicht weitergehen. Nach jeder Stunde kommst du zu mir nach vorne und beschwerst dich, ich würde dich zu wenig drannehmen. Ich muss auch die anderen sehen. Ich habe dich heute zwei Mal aufgerufen – und im Übrigen habe ich dich schon oft ermahnt, nicht in die Klasse zu rufen. Das nervt mich total."	„Daniela, du hast das Gefühl, dass ich dich zu selten bei einer Wortmeldung aufrufe. Ich möchte gerne alle gerecht behandeln – und finde es deshalb schade, wenn du meinst ungerecht behandelt zu werden. Aus diesem Grund möchte ich dich bitten, mit mir zusammen zu überlegen, wie häufig du dich meldest, wie oft ich dich dran nehme und wie das mit dem ‚Gerecht-Sein' gehen kann."
3. „Also, Simon. Ich nehme dich sehr wohl dran, aber du meldest dich nicht so häufig. Aber wenn du möchtest, können wir gerne einmal darüber sprechen. Ich erkläre dir, wie die Note zustande kommt, und dann wirst du sehen, dass ich sehr bemüht bin, gerecht zu sein."	„Simon, ich habe den Eindruck, du bist mit der Note unzufrieden und findest, dass ich deine Wortmeldungen zu wenig beachte. Ich möchte gerne jeden gerecht behandeln und deshalb möchte ich dich um ein Gespräch bitten. Dann können wir klären, wie häufig du dich meldest – und wie oft ich dies wahrnehme – und wie dies deiner und meiner Meinung nach in eine gerechte Note einfließen muss."
4. „Ja, Ruth, der Leistungsabfall in den Noten nach der Krankheit ist ja wirklich sehr beträchtlich. Und jetzt willst du alles noch aufholen und dann den Sprung in die Oberstufe wagen? Da hast du dir ja viel vorgenommen. Da wäre ich mir nicht so sicher, ob das reibungslos klappt."	„Ruth, ich bin froh, dass du jetzt wieder gesund bist. Jeder braucht nach einer längeren Krankheit seine Zeit, wieder ganz ‚auf Touren' zu kommen. Sicherlich siehst du – wie ich – bei dir einen gewissen Nachholbedarf. Ich möchte dich gerne bei dessen Aufarbeitung unterstützen und bitte dich deshalb um ein Gespräch, wie wir dies für dich gut gestalten können."
5. „Manuela, ich bin fassungslos, wie du Alex dein Nacktfoto schicken konntest. Und wir sollen wieder alles retten! Wie konnte so etwas passieren?"	„Es ist ein ungeheuerlicher Vertrauensbruch von Alex, die Fotos von dir ins Netz zu stellen. Ich kann dich gut verstehen, dass du darüber entsetzt und fassungslos bist. Ich möchte gerne, dass der Schutz deiner Privatsphäre wieder hergestellt wird. Deshalb möchte ich dich bitten, mit mir zusammen zu überlegen, was nächste Schritte dazu sein könnten."

Kunz/Rauch/Schneider: Schülergespräch und Lernberatung – Das Praxisbuch
© Auer Verlag – AAP Lehrerfachverlage GmbH, Donauwörth

6. „Alex, Manuela hat uns berichtet, dass du das Nacktfoto von ihr ins Netz gestellt hast. Was hast du dir denn dabei gedacht? Wie kann man nur so etwas machen?“	„Alex, Manuela hat uns berichtet, das du sehr private Bilder von ihr ins Netz gestellt hast, ohne sie zu fragen. Sie empfindet dies als schwerwiegenden Missbrauch ihres Vertrauens, was ich sehr gut verstehen kann. Deshalb stehen schwerwiegende Vorwürfe im Raum, die die Atmosphäre in der Lerngruppe sehr belasten. Aus diesen Gründen möchte ich um ein Gespräch bitten, um die Vorwürfen zu klären oder auszuräumen und die Belastungen abzubauen.
7. „Richard, ich habe dich schon häufig ermahnt, nicht solche abwertenden Bemerkungen zu Äußerungen im Unterricht, insbesondere von Schülerinnen, zu machen. Das vergiftet die Atmosphäre in der Klasse und macht mich wütend. Das muss sich ändern – wir müssen darüber sprechen.“	„Richard, mein Eindruck ist, dass einige deiner Kommentare zu Äußerungen von Schülerinnen in den letzten beiden Stunden von diesen als Abwertungen empfunden wurden. Mir ist wichtig, dass jeder in der Lerngruppe ernst genommen wird und eine offene Gesprächsatmosphäre herrscht. Deshalb möchte ich dich um ein Gespräch bitten, um zu klären, wie ich deine Kommentare verstehen und bewerten soll.“

Kunz/Rauch/Schneider: Schülergespräch und Lernberatung – Das Praxisbuch
© Auer Verlag – AAP Lehrerfachverlage GmbH, Donauwörth

Aktivität Lenkung	Gesprächsverhalten des Lehrers, der Lehrerin	
Wenig ↑	**1. nonverbales Zuhören**	***Zeigt sich durch:*** Blickkontakt, Kopfnicken, Lächeln, zugewandte Körperhaltung, Äußerungen wie „mh", „aha", „aja", „so" usw. *Bedeutung:* Die nonverbalen Signale zeigen dem Gesprächspartner, dass die Bereitschaft vorhanden ist, zuzuhören und zu verstehen. ***Einsatzsituationen:*** Immer dann, wenn Schüler von sich aus erzählen, Situationen schildern, ihre Sichtweise erläutern, ihr Anliegen vorbringen. ***Grenzen:*** Wenn Schüler zu ausführlich, zu ausufernd oder unzusammenhängend und unstrukturiert reden, besteht die Gefahr, dass der Überblick verloren geht, der „Faden verloren wird" und Verwirrung entsteht.
	2. umschreibendes Zuhören (Paraphrasieren)	***Zeigt sich durch:*** Lehrer gibt das Gesagte des Gesprächspartners mit eigenen Worten wieder (Umschreiben) wie z. B.: „Verstehe ich dich richtig, dass ...", „Du meinst also, wenn ...", „Dir ist wichtig, dass ...", „Was du sagst, verstehe ich so ...", usw. ***Bedeutung:*** Die Schüler können erkennen, dass ihre Aussagen verstanden wurden. Missverständnisse können damit sofort beseitigt werden. ***Einsatzsituationen:*** Immer dann, wenn Schüler ihre Sicht einer Situation darstellen. ***Grenzen:*** Wenn diese Phase zu lange anhält oder die Schüler zum „Abschweifen und Ablenken" neigen, besteht die Gefahr, dass das Ziel und die Lösung aus dem Blick geraten. Die Wiederholungen der Schüleraussagen können echohaft klingen.
	3. aktives Zuhören (verbalisieren emotionaler Erlebnisinhalte)	***Zeigt sich durch:*** Nachfragen wie: „Du hast das Gefühl, dass ...?", „Du bist (z. B. verärgert, traurig, glücklich, enttäuscht, usw.)?" „Aus deiner Perspektive ...?", „Du meinst ...?" usw. Achtung: Nur in fragender Formulierung, nicht als unumstößliche Feststellung. ***Bedeutung:*** Lehrer hilft dem Gesprächspartner, seine unklar geäußerten Gefühle, Wünsche, Befürchtungen deutlicher zum Ausdruck zu bringen, und trägt damit zur Klärung der Bedeutung einer Aussage bei, wenn Irritationen aufgrund doppeldeutiger Aussagen entstehen. Der Lehrer kann damit überprüfen, ob seine Wahrnehmung und Interpretation der Schüleraussage richtig ist. ***Grenzen:*** Manche Schüler möchten/können über manche Gefühle nicht sprechen. Dies sollte der Lehrer respektieren.
	4. Zusammenfassen – Strukturieren	***Zeigt sich durch:*** Äußerungen wie: „Als wichtige Punkte in unserem Gespräch habe ich wahrgenommen" ... Siehst du dies genauso? ***Bedeutung:*** Es ist eine Möglichkeit, einen Redeschwall zu unterbrechen und ausufernde Erzählungen zu fokussieren. ***Einsatzsituationen:*** Immer wenn wichtige Gesprächsziele wie Situationsklärung und Zielformulierung verloren gehen.

Kunz/Rauch/Schneider: Schülergespräch und Lernberatung – Das Praxisbuch
© Auer Verlag – AAP Lehrerfachverlage GmbH, Donauwörth

	5. offene W-Fragen stellen	***Zeigt sich durch:*** Nachfragen wie: „Inwiefern ist dies für dich wichtig?" „Welche Befürchtungen verbinden sich damit für dich?" In welchen Situationen hast du diese Probleme (nicht)?" ***Bedeutung:*** Stärker strukturierend und lenkend. Die Intention des Lehrers weist in eine bestimmte Richtung. Dies ist eine Möglichkeit für die Schüler, zu reflektieren, sich auf innere Such- und Sortierungsprozesse einzulassen, neue Perspektiven kennenzulernen und sich aktiv an der Lösungssuche zu beteiligen. ***Einsatzsituationen:*** Immer wenn der Schüler selbst keine eigenen Ideen hat oder keine Handlungsalternativen sieht. ***Grenzen:*** Wenn die Fragen zu schnell, zu dicht und zu häufig kommen, kann bei den Schülern der Eindruck des „Verhörs" bzw. des „Ausfragens" entstehen.
	6. Vorschläge für Gesprächs-schwerpunkte	***Zeigt sich durch:*** Äußerungen wie: „Ich schlage vor, zuerst über ... zu sprechen und dann über ... Einverstanden? ***Bedeutung:*** Konzentriert das Gespräch auf die wichtigen Aspekte. ***Einsatzsituationen:*** Bei abschweifenden und ausufernden Gesprächsbeiträgen. ***Grenzen:*** Wenn damit wichtige Aspekte des Schülers nicht berücksichtigt werden, kann dies zu einem Konflikt und damit zur Blockade des Gesprächs führen.
Viel	**7. Ratschläge und Anweisungen erteilen**	***Zeigt sich durch:*** Anmerkungen wie: „Ich halte es für sinnvoll, als nächstes ..." „Ich lege hiermit fest, dass ..." ***Bedeutung:*** Ratschläge beinhalten meist klare Vorgaben über „Richtig" bzw. „Falsch". Der Ratsuchende wird symbolisch an die Hand genommen und geführt. Denn der Lehrer gibt eindeutig die Richtung und die Lösungen an. ***Einsatzsituationen:*** Sinnvoll dann, wenn Schüler eindeutig nicht in der Lage sind, selbst Verantwortung zu übernehmen, oder massiv Regeln missachtet haben. ***Grenzen:*** Damit wird die wichtige Gesprächsgrundlage „auf Augenhöhe" verlassen und eine ranghöhere Position eingenommen. Dies kann die Gesprächssituation radikal verändern.

(nach Henning/Ehinger, 2012)

Kunz/Rauch/Schneider: Schülergespräch und Lernberatung – Das Praxisbuch
© Auer Verlag – AAP Lehrerfachverlage GmbH, Donauwörth

Regeln für hilfreiches Feedback

Francis/Young (1989) haben Feedback-Regeln aufgelistet, die wir nachfolgend zusammengefasst haben (nach: H. Meidinger: Stärke durch Offenheit).

1. **Hilfreiches Feedback soll einfühlsam sein**

   Wirksames Feedback verlangt vom Geber Rücksichtnahme und Einfühlungsvermögen – es soll der anderen Person helfen und nicht wehtun. Feedback ist von Nutzen, wenn es jemandem hilft, sich selbst zu verstehen, ihm hilft, seine Wirkung auf andere zu verstehen.

2. **Hilfreiches Feedback soll kontrolliert sein**

   Es ist wichtig, auf das eigene Verhalten zu achten, wenn man Feedback gibt. So ist gewährleistet, dass die Kommunikation in beiden Richtungen verläuft und nicht an der Oberfläche bleibt.

3. **Hilfreiches Feedback soll vom Empfänger gewollt sein**

   Feedback ist am effektivsten, wenn der Empfänger darum gebeten hat. So entstehen eine gemeinsame Vertrauensbasis und ein persönlicher Rahmen. Die Hauptaufmerksamkeit sollte den Bedürfnissen und Wünschen dessen gelten, der Feedback empfängt.

4. **Hilfreiches Feedback soll konkret sein**

   Gutes Feedback ist spezifisch und bezieht sich auf bestimmte Ereignisse und konkrete Verhaltensweisen. Es ist kein „Um-den-Brei-herumreden“.

5. **Hilfreiches Feedback soll voll zum Ausdruck kommen**

   Beim Feedback müssen auch die Gefühle zum Ausdruck kommen, sodass der Empfänger die Wirkung seines Verhaltens einschätzen kann. Feedback ist mehr als nur die Schilderung von „nackten“ Fakten.

6. **Hilfreiches Feedback soll nicht mit Werturteilen durchsetzt sein**

   Meist ist es nicht sinnvoll, Feedback mit Urteilen und Wertungen zu verbinden. Im Feedback wird die Situation so beschrieben, wie sie der Feedback-Geber wahrnimmt. Die Wertung wird der Person des Empfängers überlassen. Im Feedback schildern wir genau das tatsächliche Verhalten, das der andere zeigte, so wie wir es wahrgenommen haben. Wir vermeiden dabei Interpretationen.

7. **Hilfreiches Feedback soll zeitlich abgestimmt sein**

   Feedback wirkt am besten, wenn der Empfänger aufnahmebereit ist und der zeitliche Abstand zu den besprochenen Vorgängen so eng ist, dass sie noch frisch im Gedächtnis haften.

8. **Hilfreiches Feedback soll ohne weiteres in die Tat umsetzbar sein**

   Das beste Feedback konzentriert sich auf Verhaltensweisen, die vom Empfänger verändert werden können. Wenig sinnvoll ist ein Feedback, das Dinge betrifft, auf die der Empfänger keinen Einfluss hat.

Kunz/Rauch/Schneider: Schülergespräch und Lernberatung – Das Praxisbuch
© Auer Verlag – AAP Lehrerfachverlage GmbH, Donauwörth

Klärungsgespräche/Beratungsgespräche

Gespräche können helfen, Situationen zu reflektieren. Im günstigsten Falle erschließen sie die Chance, sich künftig in ähnlichen Situationen anders zu verhalten. Als Gesprächspartner begleiten wir unser Gegenüber vielleicht bei einem Veränderungsprozess. Wir können dabei unterstützen, Dinge anders oder neu zu sehen und zu tun! Folgerichtig liegt Gesprächen häufig eine bestimmte Struktur zugrunde, auf der auch Lernprozesse basieren – hier als Leitfaden für ein Gespräch.

Vorbemerkungen

- **Erläuterung der Gesprächsabsicht des Lehrers**
  (Ich beobachte mit Sorge ... – Du hast deine Gründe für dein Verhalten ..., die ich ernst nehmen will – ich will dich verstehen – ich sehe deine Kompetenzen – ich sehe auch Probleme – deshalb bitte ich dich um dieses Gespräch)
- **Vereinbarungen für dieses Gespräch**
  Wenn du möchtest, kannst du eine Frage von mir nicht beantworten, kannst du sagen, ich möchte mich dazu nicht äußern, kannst du dieses Gespräch ohne Begründung sofort beenden – aber ich bitte dich um dieses Gespräch. Ich glaube, es ist eine Chance für uns beide. (Vereinbarung auf der Ebene von „Partnern" – Herstellen eines **Kontraktes**)

1. Schritt: Allgemeine Orientierung

- Deine Sicht der Dinge – meine subjektive Sicht der Dinge – Klärung des Problems
- meine Erwartungen an das Gespräch (Nicht zur Lösung des Problems!) vorsichtig formulieren – die Erwartungen des Gegenübers erbitten und anhören (Was könnte ein gutes Ergebnis dieses Gespräches sein?)
- verständnisvolles Zuhören (Es ist für dich also wichtig ..., aktives Zuhören, Reflektieren, Ressourcen/Stärken wahrnehmen und benennen)
- keine Bewertungen – Geduld haben
- Keine (vorschnellen) Lösungen suchen und schon gar nicht anbieten!
- **Gesprächspartner ist aktiv und wird ermuntert, seine Situation differenziert zu beschreiben** (wertschätzende Erforschung der inneren Landkarte des Gegenübers – und damit auch der vorhandenen Stärken – Herstellung eines **positiven Kontextes**)

2. Schritt: Probleme formulieren und Ziele klären

- Problem fassbar machen (operationalisieren) – Vorschlag für eine Problembeschreibung anbieten, gegebenenfalls nach Wunsch verändern
- Bei Konfliktgesprächen: für das zu klärende Verhalten einen „Sinn" für den Schüler unterstellen – Umdeuten des Verhaltens als Ausdruck des Zeichens von Individualität, Selbstverwirklichung und/oder Zugehörigkeit – klären des „Preises", den der Schüler dafür zahlt. – Vergewisserung, ggf. Veränderung der Hypothesen
- Klärung des gemeinsamen Anliegens – durch Rückfragen absichern!
- Problem scharf umreißen – Problem strukturieren
- Missverständnissen vorbeugen

3. Schritt: Alternativen entwickeln (Klärung im Kontakt)

- **Gesprächspartner** ermuntern, selbst Möglichkeiten zu finden
- zusammen mit dem Gegenüber Alternativen entwickeln – keine Bewertungen
- unerwartete Ideen stimulieren (Wenn über Nacht ein Wunder in dieser Sache geschehen würde, woran würdest du dies erkennen?)
- konkret bleiben
- Brainstorming visualisieren

4. Schritt: Unterstützung bei der Entscheidungsfindung

- Konsequenzen der Alternativen prüfen – Alternativen abwägen – eigene Wertvorstellungen zurückhalten
- Entscheidungsbäume entwickeln – und eventuell visualisieren
- wenn sinnvoll, jetzt Ende des Gespräches und spätere Fortsetzung zur Entscheidungsfindung

5. Schritt: Entscheidung vorbereiten – Umsetzung begleiten – Ergebnisse besprechen

- auf mögliche Schwierigkeiten hinweisen, um sie zu antizipieren
- Handlungsergebnisse mit den Zielen vergleichen
- positive Rückmeldung unterstützt weitere Versuche

(in Anlehnung an: Hermann Meidinger: Stärke durch Offenheit – ein Trainingsprogramm zur Verbesserung der Kommunikations- und Konfliktfähigkeit von Lehrern. Berlin, 2000)

Kunz/Rauch/Schneider: Schülergespräch und Lernberatung – Das Praxisbuch
© Auer Verlag – AAP Lehrerfachverlage GmbH, Donauwörth

Struktur eines Kurzgespräches Z A F L O (K)K

Zuhören

Affirmieren (Aktives Zuhören, Reflektieren)

Loben

Und … (nicht aber!)

Optimieren

(Konfrontieren – in extremen Bedrohungs-, Verletzungs-, Beschädigungsfällen)

Kontroll-Vereinbarungen

Dauer bei geübten Kollegen: 15 – 25 min

(nach Bartscher 2012)

Kunz/Rauch/Schneider: Schülergespräch und Lernberatung – Das Praxisbuch
© Auer Verlag – AAP Lehrerfachverlage GmbH, Donauwörth

Selbstreflexion im direkten Anschluss an ein Gespräch

- Ist es mir gelungen, einen guten Kontakt zum Schüler und eine offene und vertrauensvolle Atmosphäre herzustellen?
- An welchen Gesprächspunkten habe ich eine gewisse Zurückhaltung oder gar ein Abblocken bemerkt? Wie war in diesem Punkt meine Frage/Bemerkung und wie die Reaktion des Schülers?
- Wie offen war der Austausch über die Sicht der Situation, die Ressourcen des Schülers sowie die Ziele/Werte? Hat der Schüler eine reelle Einschätzung der Situation, seines Verhaltens und seiner Ziele?
- Gab es Situationen, in denen man vermuten konnte, dass der Schüler nicht offen sprechen konnte/wollte?
- Wie „harmonisch" verlief die Vereinbarung von nächsten Schritten? Wie gut war es möglich, zu einer Vereinbarung zu kommen?
- Hat das Gespräch weitere wichtige Informationen über den Kontext des Schülerverhaltens geliefert, die eventuell noch durch Nachfragen beim Schüler oder bei Eltern/Kollegen gesichert werden müssten?

Kunz/Rauch/Schneider: Schülergespräch und Lernberatung – Das Praxisbuch
© Auer Verlag – AAP Lehrerfachverlage GmbH, Donauwörth

Sprechstundenliste mit Kurz- und Langterminen

Termin	Name	Klasse	Anlass/Thema
14:00–14:05			
14:05–14:10			
14:10–14:15			
14:15–14:30			
14:30–14:45			
14:45–15:00			

Kunz/Rauch/Schneider: Schülergespräch und Lernberatung – Das Praxisbuch
© Auer Verlag – AAP Lehrerfachverlage GmbH, Donauwörth

(1) Übung

Bitte tragen Sie in das Feld eine Aussage ein, die Sie in letzter Zeit in einem Schülergespräch gehört haben und die Sie in irgendeiner Art und Weise beschäftigt hat.

Versuchen Sie nun, nach folgendem Schema, geeignete Fragen zu finden, die das Gehörte anders hätten auflösen können bzw. mit deren Hilfe Sie weitere Informationen über das Gesagte hätten sammeln können. Motto: Vermehre die gedanklichen Möglichkeiten!

Art der Frage	Mögliche Fragen	Welche Frage wäre für Sie brauchbar?
Die zeitliche Perspektive	• War das immer schon so? • Wie lange, glaubst du/glauben Sie, wird es noch so bleiben? • Wie ist deine/Ihre Prognose? • Gilt das für alle Stunden? • Welche Unterschiede gibt es zwischen der ersten und letzten Stunde/montags und freitags? • Seit wann glaubst du, so zu sein, und was heißt überhaupt für dich das und das?	
Die räumliche Perspektive	• Ist das auch zu Hause so? • Wie war das auf der Klassenfahrt? • Ist das überall so? • Gilt das für alle Fächer? • Wie war es auf der anderen Schule? • Wie ist es in Freizeit/Fußballverein/Clique ...?	
Die Beziehungsperspektive	• Sind in der Klasse noch mehr Kinder, die nicht ... ? • Wenn xy nicht da wäre, wer wäre dann...? Wer dann ...? • Wie verhält sich xy bei anderen Kollegen? • Mit wem kommt xy am besten zurecht? Was ist da anders ...? • Was hält dich davon ab, es mit der Person direkt zu klären?	
Die Bedeutungsperspektive	• Was genau meint der und der Begriff? • Was verstehst du darunter? • Kannst du das Gesagte noch anders umschreiben? • Wenn du es deinem Vater/Mutter/Bruder erklären würdest, was würdest du dann sagen?	
Die Problemperspektive	• Mit welchem Begriff beschreibst du dein Problem? • Worin äußert sich dieses Problem? • Wie kommst du dazu, dass es ein Problem ist? • Wer ist mit dem gegenwärtigen Zustand nicht zufrieden? Wer ist zufrieden damit? • Was kannst du tun, um das Problem weiter zu verstärken? • Was kannst du tun, um das Problem weiter zu verringern? • Welches Problem hast du mit deinem Problem?	

Kunz/Rauch/Schneider: Schülergespräch und Lernberatung – Das Praxisbuch
© Auer Verlag – AAP Lehrerfachverlage GmbH, Donauwörth

Art der Frage	Mögliche Fragen	Welche Frage wäre für Sie brauchbar?
	• Welche Vorteile bietet der gegenwärtige Zustand? • Was soll statt des Problems da sein? Was ist das Gegenüber des Problems? • Was wäre, wenn du das Problem nicht hättest?	
Die Perspektive der positiven Intention/ Umdeutung	• Ich gehe davon aus, dass alle Menschen immer nur Dinge tun, die in irgendeiner Weise Sinn für sie machen: Welchen Sinn macht es dann für dich, dieses Verhalten zu leben oder die Situation auszuhalten? • Angenommen diese Situation/dieses Verhalten/diese Eigenschaft hätte irgendetwas Gutes für dich persönlich: Was wäre das? • Angenommen du würdest den positiven Optimisten einladen, deine Situation zu beschreiben: Wie würde er diese beschreiben? • Was bringt dir die Situation/das Verhalten?	
Die Lösungs-perspektive	• Was ist dein Anliegen? • Woran würdest du merken, dass dein Anliegen/Problem gelöst ist? • Was wäre statt des Problems da? • Woran würdest du es merken? • Was würdest du dann tun, was du nicht sowieso schon tust? • Was wäre dann anders? • Auf einer Skala von 0 bis 10, wenn 10 für dein Ziel steht, wo befindest du dich jetzt?	
Die Perspektive der Ausnahmen in der Vergangenheit und in der Gegenwart	• Gab es Situationen, in denen du der Lösung (schon einmal) näher warst? • In welchem Kontext trat das Problem nicht auf? • Was hast du da anders gemacht, dass es nicht schon längst viel schlimmer geworden ist? • Was hast du anders gemacht, als du es im Moment machst? • Was ist im Moment gut (so, wie es ist)? • Was soll so bleiben? • Was hilft (im Moment), dass es nicht noch schlimmer wird?	
Die Perspektive des anderen	• Wenn du jetzt an meiner Stelle wärest, wie würdest du handeln? • Wenn du diese Veränderung machen würdest: Wer müsste sich dann auch noch verändern? Und auf wen alles hätte das welchen Einfluss? • Wenn du dich in der Situation anders verhalten würdest, wen würde das am meisten freuen? Wie würde derjenige reagieren?	
Die Perspektive des Verstärkens	• Wenn du willst, dass der Schüler sich in der Schule auffällig benimmt, was musst du tun? • Wodurch könnten wir besonders zuverlässig erreichen, dass das Problem nicht gelöst wird? • Welche Ressourcen zur Verhinderung einer Lösung hast du bisher genutzt?	

Kunz/Rauch/Schneider: Schülergespräch und Lernberatung – Das Praxisbuch
© Auer Verlag – AAP Lehrerfachverlage GmbH, Donauwörth

(2) Selbstcheck: Tilgung, Verallgemeinerung, Verzerrung

1. Schritt	Ich höre mir bewusster zu: • Wie tilge ich? • Wie verzerre ich? • Wie verallgemeinere ich?	Schreiben Sie Folgendes auf: • Ihre Lieblingsphrasen • Sätze, die Sie sprachlos machten • Sätze von Partnern, Eltern, die Sie häufig zu hören bekommen • Strukturieren Sie die Aussagen nach den drei Tendenzen.
2. Schritt	Fragetechniken	*Arbeitsblatt Fragetechniken.* Schreiben Sie sich gute Fragen heraus, die für Sie einen Sinn ergeben. Wie ein guter Kommissar sollten Sie die sprachlichen Indizien sammeln, mögliche Themen hinter den Themen herausschälen, Bedeutungen abklären. So etwas kann man prima auf Partys mit Leuten ausprobieren, die man nicht so gut kennt. Motto: Reden ist Silber, Fragen ist Gold!
3. Schritt	Umsetzung im Schülergespräch	Lassen Sie sich bewusst mehr Zeit, bis Sie glauben, das Problem zu verstehen. Hören Sie sich die Worte des Schülers genau an. Arbeiten Sie erst einmal mit seinem Wortlaut und klären Sie die Bedeutungen für den Schüler ab. Bevor Sie eine Lösung oder einen Ratschlag anbieten, sollte der Schüler im Rahmen der Selbstreflexion mindestens eine Möglichkeit selbst benennen.

Kunz/Rauch/Schneider: Schülergespräch und Lernberatung – Das Praxisbuch
© Auer Verlag – AAP Lehrerfachverlage GmbH, Donauwörth

Checkliste: Wichtige Ansprechpartner

In den meisten Lehrerkollegien übernimmt eine Person die Aufgabe, eine solche Liste anzufertigen und zu Beginn eines jeden Halbjahres in aktualisierter Fassung allen Kollegen zu mailen und/oder ins Postfach zu legen. Bitte regen Sie ein entsprechendes Vorgehen an, falls dies in Ihrer Schule noch nicht Usus sein sollte!

Unverzichtbare Elemente einer solchen Liste sind die Kontaktpersonen und -daten:

- [ ] der **schulpsychologischen Beratungsstelle** (z.B. bei Hochbegabung des Schülers oder bei Fehlverhalten von Kollegen)

____

- [ ] des **Jugendamtes** (z.B. bei Kindeswohlgefährdung oder Verdacht auf Kindesmisshandlung)

____

- [ ] der **Erziehungsberatungsstelle** (z.B. bei Scheidung oder schweren Krankheiten der Eltern)

____

- [ ] der **Jugendhilfeträger** (z.B. bei Überschuldung oder Alkoholabhängigkeit der Eltern)

____

- [ ] von **spezialisierten Kinder- und Jugendpsychologen** (z.B. bei AD(H)S, Legasthenie, Dyskalkulie)

____

Darüber hinaus kann es im Hinblick auf bestimmte Auffälligkeiten im Schülerverhalten hilfreich sein, die Anschriften

- der **örtlichen Sportvereine** (z.B. bei feinmotorischen Defiziten)
- der christlichen und nicht-christlichen **Kirchengemeinden** (z.B. bei Einfluss von Sekten)
- des **örtlichen Bezirksbeamten bzw. des Jugendkontaktbeamten der Polizei** (z.B. bei Rechtsextremismus oder Mobbing)

auf dieser Liste stehen zu haben.

Kunz/Rauch/Schneider: Schülergespräch und Lernberatung – Das Praxisbuch
© Auer Verlag – AAP Lehrerfachverlage GmbH, Donauwörth

Auer empfiehlt

Die optimale Ergänzung zu diesem Buch:

112 S., DIN A4 mit CD-ROM
- Best-Nr. **06572**

Melanie Fröhlich, Cathrin Rattay, Jost Schneider

Effizienter korrigieren - Das Praxisbuch

Blättern im Buch www.auer-verlag.de/go/6572

Praktisch, professionell und effektiv korrigieren

- Profi-Tipps und Materialien aus der Lehrerfortbildung

Sie finden nicht nur wichtige Hinweise zur Vereinheitlichung von Korrekturzeichen und zur sinnvollen Gestaltung von Erwartungshorizonten sondern auch beispielhafte Rand- und Schlusskommentare. Von der Notenfindung bis hin zu Selbstbeurteilungsbögen für Schüler – hier werden Sie sicherlich fündig! Besonders dürften Sie die Tipps, wie Sie Plagiate erkennen und ahnden können, interessieren!
Alle Checklisten, Vorlagen und fachspezifische Tipps finden Sie auch auf der beiliegenden CD-ROM.

Die Themen:

- Zeit einsparen | Operatoren und Korrekturzeichen | Erwartungshorizonte | Rand- und Schlusskommentare | Notenfindung | Schüler beurteilen sich selbst und ihre Mitschüler | Plagiate

Dieser Band enthält:

- Methoden auf einen Blick | Infokästen, Tipps und Fazits zur schnellen Orientierung | zahlreiche Checklisten, Vorlagen und fachspezifische Tipps (Deutsch, Mathe, Englisch, Biologie, Kunst etc.)

Weitere Titel aus der Reihe:

J. Schneider, D. Leschnikowski, M.-C. Wickner
Leistung messen und bewerten - Das Praxisbuch
Bewerten und benoten im modernen Unterricht
98 S., DIN A4 inkl. CD-ROM
- Best-Nr. **06842**

Ira Kokavecz , Thomas Rüttgers , Jost Schneider
Stress und Burn-out vermeiden
Konkrete Umsetzungshilfen und nützliche Materialien
96 S., DIN A4 inkl. CD-ROM
- Best-Nr. **06790**

Boelmann, Roberg, Sawatzki, Schlechter, Schneider
Erziehungs- und Ordnungsmaßnahmen einsetzen
So reagieren Sie immer richtig bei Regelverstößen
84 S., DIN A4 inkl. CD-ROM
- Best-Nr. **06800**

Bestellschein (bitte kopieren und faxen/senden)

Ja, bitte senden Sie mir gegen Rechnung:

Anzahl	Best.-Nr.	Kurztitel
	06572	Effizienter korrigieren - Das Praxisbuch
	06842	Leistung messen und bewerten - Das Praxisbuch
	06790	Stress und Burn-out vermeiden
	06800	Erziehungs- und Ordnungsmaßnahmen einsetzen

☐ Ja, ich möchte per E-Mail über Neuerscheinungen und wichtige Termine informiert werden.

E-Mail-Adresse

*Der E-Mail-Newsletter ist kostenlos und kann jederzeit abbestellt werden. Ihre Daten werden im Rahmen der gesetzlichen Vorschriften geschützt. Nähere Informationen zum Datenschutz finden Sie unter: www.auer-verlag.de/go/daten

Auer Verlag GmbH
Postfach 1152
86601 Donauwörth

Fax: 09 06 / 73-177
oder einfach anrufen:
Tel.: 09 06 / 73-240
(Mo-Do 8:00-16:00 & Fr 8:00-13:00)
E-Mail: info@auer-verlag.de

Absender:

Aktionsnummer: 9005

Vorname, Nachname

Straße, Hausnummer

PLZ, Ort

Datum, Unterschrift

Was zu beachten ist beim: **Schreiben von Aufsätzen**	Schülername:

	Inhalt und Sprache		Punkte
immer wichtig	Deine **Überschrift**	passt gut.	2
		passt weniger gut.	1
		hast du vergessen.	0
	Du hast an **Einleitung, Hauptteil** und **Schluss** gedacht.	alle drei	3
		zwei	2
		nur eins	1
	In deinem Text sind	keine **Gedankensprünge**.	2
		einige Gedankensprünge.	1
		viele Gedankensprünge.	0
	Du erzählst/beschreibst	**ausführlich** und **genau**.	2
		weniger ausführlich.	1
		zu wenig und ungenau.	0
	Du verwendest treffende und unterschiedliche **Verben**	sehr häufig.	2
		manchmal.	1
		selten.	0
	Du verwendest treffende und unterschiedliche **Adjektive**	sehr häufig.	2
		manchmal.	1
		selten.	0
	Du benutzt unterschiedliche **Satzanfänge**	sehr häufig.	2
		manchmal.	1
		selten.	0
	Dein **Sprachstil** ist	lebendig und gewandt.	2
		einfach.	1
diesmal wichtig	Du hast	viele und tolle **eigene Ideen**.	2
		eigene Ideen.	1
		keine eigenen Ideen.	0
		Gesamtpunktzahl:	

	Form	1	0,5	0
immer wichtig	Du hast sauber und ordentlich geschrieben.			
	Du hast die Wörter richtig bzw. lautgetreu geschrieben.			
	Du hast neue und/oder schwierige Wörter benutzt.			
	Du hast die Sätze vollständig und richtig gebildet.			
	Du hast die Satzzeichen an der richtigen Stelle gesetzt.			
diesmal wichtig				
	Formpunkte insgesamt:			

Du hast ______ von ______ Punkten erreicht. Das entspricht der Note: ______________________

Bemerkung:

Fröhlich/Rattay/Schneider: Effizienter korrigieren – Das Praxisbuch
© Auer Verlag GmbH, Donauwörth

Leseprobe

Erwartungshorizont für: **Mathe-Klausuren (Geometrie)**	Schülername: Britta Beispiel
Klasse XY; TT.MM.JJ; Löse die beigefügten fünf Aufgaben!	

	Inhaltliche und methodologische Aspekte	Faktor	1	2	3	4	5	6
immer wichtig	Erfassung der Aufgabenstellung	1		×				
	Finden eines Lösungsansatzes	3		×××				
	Konsequenz in der Durchführung	3			×××			
	Kalkulatorische Richtigkeit	2					××	
	Nutzung geeigneter Hilfsmittel	1			×			
	Nutzung geeigneter Hilfskonstruktionen	1			×			
	Korrektheit des Ergebnisses	3					×××	
diesmal wichtig	Kongruenzbeziehungen erfasst	2	××					
	Formeln korrekt reproduziert	2	××					
	Summen	18	4	8	15	0	25	0
			Durchschnitt: 52 ÷ 18 = 2,89					

	Form- und Präsentationsaspekte		normal/gut	Malus 0,5	Malus 1,0
immer wichtig	Übersichtlichkeit		×		
	Sauberkeit		×		
	Präzision		×		
	Vollständigkeit			×	
	Sprachrichtigkeit				×
diesmal wichtig	Zeichnungen korrekt beschriftet				×
	Ggf. Malus			0,5*	
	NOTE		2,89 + 0,5 = 3,39		

Bemerkungen/Hinweise:

- Der letzte Teil der dritten Aufgabe wurde nicht bearbeitet!
- Alle relevanten Formeln sind korrekt wiedergegeben!

** Es wurde eine halbe Notenstufe abgezogen, da die Abzüge im Schnitt bei 0,5 liegen!*

Fröhlich/Rattay/Schneider: Effizienter korrigieren – Das Praxisbuch
© Auer Verlag GmbH, Donauwörth